Bill Bryson

BREVÍSSIMA HISTÓRIA DE QUASE TUDO

Tradução
Hildegard Feist

Brevíssima história de quase tudo foi publicado originalmente na Grã-Bretanha pela Doubleday, uma divisão da Transworld Publishers, em 2003. Esta edição adaptada e ilustrada foi publicada originalmente na Grã-Bretanha em 2008 pela Doubleday, um selo da Random House Children's Books — A Random House Group Company

Copyright © 2003, 2008 by Bill Bryson
Edição: Felicia Law
Ilustrações: Yuliya Somina e Martin Sanders
Design: Simon Webb e Margaret Hope
Consultores: Sarah Chant e Martin Weaver

Grafia atualizada segundo o Acordo Ortográfico da Língua Portuguesa de 1990, que entrou em vigor no Brasil em 2009.

Título original: *A REALLY SHORT HISTORY OF NEARLY EVERYTHING*
Imagens de capa: © www.gettyimages.com
Preparação: LUCILA LOMBARDI
Revisão: ANA LUIZA COUTO E CARMEN S. DA COSTA
Composição: LILIAN MITSUNAGA

Dados Internacionais de Catalogação na Publicação (CIP)
(Câmara Brasileira do Livro, SP, Brasil)

Bryson, Bill

Brevíssima história de quase tudo / Bill Bryson; tradução Hildegard Feist. —1ª ed. — São Paulo: Companhia das Letrinhas, 2010.

Título original: A Really Short History of Nearly Everything.
ISBN 978-85-7406-416-1

1. Ciência 2. Ciência - Obras de divulgação I. Título.

10-00772   CDD-500

Índice para catálogo sistemático:

1. Ciência: Obras de divulgação 500

6ª reimpressão

Todos os direitos desta edição reservados à
EDITORA SCHWARCZ S.A.
Rua Bandeira Paulista, 702, cj. 32
04532-002 — São Paulo — SP — Brasil
☎ (11) 3707-3500
www.companhiadasletrinhas.com.br
www.blogdaletrinhas.com.br
/companhiadasletrinhas
@companhiadasletrinhas
/CanalLetrinhaZ

A marca FSC® é a garantia de que a madeira utilizada na fabricação do papel deste livro provém de florestas que foram gerenciadas de maneira ambientalmente correta, socialmente justa e economicamente viável, além de outras fontes de origem controlada.

Esta obra foi composta em ATRotis Sans Serif e impressa pela Geográfica em ofsete sobre papel Couché Matte da Suzano S.A. em junho de 2023

BREVÍSSIMA HISTÓRIA DE QUASE TUDO

SUMÁRIO

Prefácio — 7

PERDIDOS NO COSMO
Como é que eles sabem? — Descobrindo nosso planeta — 8
Receita de universo — Como produzir uma explosão — 10
O *big bang* — O que aconteceu depois — 12
Oi! Que bom que você conseguiu! — Como você chegou aqui? — 14
Escutando o *big bang* — A radiação cósmica e você — 16
Até o limite do universo — Onde é que fica? — 18
Viagem pelo espaço — Nosso vasto sistema solar — 20
Procurando Plutão — O novo planeta anão — 22
Fim da viagem — As expedições das naves *Voyager* — 24
Quem está lá? — Vida avançada em outro lugar do cosmo? — 26
Caçador de supernovas — O incrível reverendo Bob Evans — 28

O TAMANHO DA TERRA
De volta à Terra — Newton e a gravidade — 30
Medindo a Terra — Encontrando a circunferência — 32
O bojo da Terra — Nosso planeta não é uma esfera — 34
Terra abaulada — Duas expedições malfadadas — 36
Na pista de Vênus — Seguindo o trânsito de Vênus — 38
Pesando a Terra — Gravidade e Schiehallion — 40
Medidas peso-pena — Os cálculos de Cavendish — 42
Calculando a idade da Terra — A nova ciência da geologia — 46
Os quebradores de pedras — A Geological Society — 48
Devagar e sempre — Lyell e as placas tectônicas — 50
Coletores de fósseis — Mapeando as rochas da Grã-Bretanha — 52
Datando as rochas — As grandes eras do tempo geológico — 54
Dente e garra — Desenterrando ossos estranhos — 56
Caçadores de dinossauros — "Lagartos terríveis" — 58
Era dos ossos — Ossos e a idade da Terra — 60
O poderoso átomo — Dalton pesa átomos — 62
Questão de química — Descobrindo elementos — 64

A tabela periódica — Mendeleev põe ordem na casa　　66
Elementos radiantes — Marie Curie e a radiação mortal　　68

DESPONTA UMA NOVA ERA
Einstein — o gênio — A Teoria Especial da Relatividade　　70
Espaço-tempo — O tempo tem forma　　72
O quadro geral — O Telescópio Espacial Hubble　　74
"Má" ciência — Chumbo e CFCs　　76
Uma era meteórica — Medindo meteoritos　　78

PLANETA PERIGOSO
Trilobites itinerantes — A Pangeia e o registro fóssil　　82
Crosta agitada — A descoberta das placas tectônicas　　84
Tudo à deriva — Para onde vão os sedimentos?　　86
O fogo interior — A Terra sob nossos pés　　88
Bum! — A erupção do monte St Helens　　90
O Parque de Yellowstone — Um vulcão à espera　　92
Grandes tremores — Medindo terremotos　　94
Impacto do espaço — Meteoros e a extinção KT　　96
Choque de asteroide — Objetos rochosos vindo para cá?　　98

A VIDA EM SI
Nosso pedacinho de chão — Um lugar confortável　　100
O cobertor da Terra — A atmosfera que nos protege　　102
Violento e ventoso — O clima da Terra　　104
Garrafa de água quente — O efeito dos oceanos　　106
Água por todo lado — Um planeta aquoso　　108
Nas profundezas — Vivendo no fundo do mar　　110
Sopa de proteínas — Oceanos: onde a vida começou　　112
Bactérias batalhadoras — O surgimento dos micróbios　　114
Seu minimundo — As bactérias que se alimentam de nós　　116
O que deixa você doente — Organismos infecciosos　　118
Células cidadãs — Você e suas células　　122
Quanto tempo você pode ficar? — Adapte-se ou morra　　124
Sucesso absoluto — Trilobites e outros fósseis　　126
Hora de começar — A longa história pré-humana da Terra　　128

Fora do mar — Quando as criaturas tomaram a terra	130
De onde viemos? — De répteis a mamíferos	132
Idas e vindas — As grandes extinções	134
Rotulando a vida — A classificação de plantas e animais	136
Não dá para contar? — Criaturas desconhecidas da Terra	138
Viagem para o futuro — Darwin e *A origem das espécies*	140
O monge tranquilo — Mendel e o estudo dos genes	142
Uma família grande e feliz — Hereditariedade e cromossomos	144
A cadeia da vida — Crick, Watson e o DNA	146

O CAMINHO ATÉ NÓS

Quente e frio — Camadas de gelo e clima	148
Tempo de frio — Vivendo numa era glacial	150
Crânios e ossos — Descobrindo restos humanos antigos	152
Lucy — A mais famosa australopitecina	154
De lá para cá — O surgimento do *Homo sapiens*	156
Fabricantes de ferramentas — Inventores da tecnologia	158
Os humanos assumem — Extermínio e extinção	162
E agora? — Um planeta poluído	164
Adeus — Nosso planeta e nós	166

| Índice remissivo | 168 |
| Créditos fotográficos | 175 |

Prefácio

Alguma vez você fechou os olhos e tentou imaginar o tamanho do infinito? Ou o que existia antes de surgir o universo? Ou como seria viajar na velocidade da luz ou espiar o interior de um buraco negro?

E, nesse processo, sentiu uma dorzinha no cérebro? Não se preocupe, eu estou aqui para ajudar você. Passei quase cinquenta anos de minha vida esquentando a cabeça com perguntas terríveis e (como não sou muito rápido) finalmente decidi ver se conseguia encontrar algumas respostas. O que você tem nas mãos é o resultado.

A única novidade desta edição especial está no tamanho — muito menor, embora preserve as melhores partes — e nas engenhosas ilustrações, que lhe permitem ver como nosso universo se formou.

Ao escrever este livro, aprendi duas coisas. A primeira é que não existe nada — nadinha mesmo — que não seja surpreendente e interessante, quando é visto por dentro. Você pode falar sobre o surgimento do universo a partir do nada, sobre a atuação conjunta e coordenada dos trilhões de átomos insensíveis que nos compõem, sobre o motivo por que o mar é salgado, sobre o que acontece quando as estrelas explodem, sobre o que bem entender — tudo é extraordinariamente interessante. É mesmo.

A outra coisa que aprendi é que temos uma sorte danada de estar aqui. Em toda a inimaginável extensão do universo, só existe vida num pequenino planeta, pelo que sabemos — e por acaso vivemos nesse planeta. Você, eu e mais alguns bilhões de afortunados organismos somos, talvez, as únicas coisas do universo capazes de se levantar, andar, falar, pensar, ver, fazer. Com uma sorte tão grande, é natural que você se pergunte: "Como foi que isso aconteceu?".

Bem, vire a página e venha comigo. Vamos ver se conseguimos descobrir.

Bill Bryson

Como é que eles sabem?

Eu no ensino fundamental, nos Estados Unidos.

Este livro conta como foi a passagem do nada absoluto para a existência de alguma coisa e como uma pequena parte dessa alguma coisa se transformou em nós. Também fala um pouco do que ocorreu no meio-tempo e desde então.

Meu ponto de partida, se é que pode interessar, foi um livro de ciências que eu tive na quarta ou quinta série do ensino fundamental. Era um livro didático muito comum na década de 1950 — estropiado, detestado, pesado —, mas logo no começo trazia uma ilustração que me impressionou: um diagrama que mostrava o interior da Terra como se alguém tivesse cortado o planeta com um facão e retirado o equivalente a um quarto de seu volume.

Eu lembro claramente que fiquei embasbacado. Acho que meu interesse se devia à imagem horripilante que me ocorreu de filas de motoristas desavisados despencando de um penhasco de mais de 6 mil quilômetros de altura e se estatelando no centro do planeta. Pouco a pouco, porém, assumi uma postura mais adequada a um estudante: atentei para o significado científico do desenho e entendi que a Terra se compõe de várias camadas que terminam no centro, uma esfera incandescente de ferro e níquel, tão quente quanto a superfície do Sol, segundo a legenda. E lembro que pensei, perplexo: **"Como é que eles sabem?"**.

Eu cresci achando que ciência é uma enorme chatice — mas pensando que não precisa ser assim.

É um milagre!

Nem por um instante duvidei da informação — até hoje tendo a acreditar no que os cientistas dizem, assim como acredito no que dizem os cirurgiões e os encanadores. Mas eu não conseguia entender que a mente humana fosse capaz de saber como são espaços que se encontram milhares de quilômetros abaixo de nós, espaços que nenhum raio X pode alcançar. **Para mim, era simplesmente um milagre.**

Como e por quê?

Empolgado, levei o livro para casa, abri-o antes do jantar — o que, segundo desconfio, fez minha mãe pôr a mão em minha testa e perguntar se eu estava bem — e, partindo da primeira página, comecei a ler. **Foi uma decepção: o livro não era nem um pouco empolgante.**

O texto não respondia a nenhuma das perguntas suscitadas pelas ilustrações. Por exemplo:

- Como foi que acabamos tendo um sol no meio de nosso planeta? Como é que eles sabem que esse sol é tão quente?
- Se esse sol está queimando lá embaixo, por que o chão que pisamos não é quente?
- E por que o interior da Terra não está derretendo? Ou está?
- E, quando o núcleo tiver queimado por completo, será que partes da Terra vão cair no vazio, deixando um tremendo buraco na superfície?

Quem tem as respostas?

O autor mantinha um estranho silêncio em relação a esses detalhes. Parecia que ele queria guardar segredo sobre a parte boa, tornando a coisa toda completamente incompreensível. Muito tempo depois — há cerca de dez anos —, eu estava olhando pela janela do avião, durante um longo voo sobre o Pacífico, e de repente percebi que não sabia absolutamente nada sobre o único planeta em que podia morar.

Eu também não sabia...

- o que é próton, o que é proteína;
- qual é a diferença entre *quark* e quasar;
- como os geólogos conseguem dizer a idade de uma rocha só olhando para ela;
- quanto a Terra pesa, qual é a idade das rochas e o que existe realmente no centro de nosso planeta;
- como e quando o universo surgiu e como ele era no começo;
- o que acontece dentro do átomo;
- por que os cientistas ainda não conseguem prever um terremoto nem acertar na previsão do tempo.

É com muito prazer que lhe digo: até o final da década de 1970, os cientistas também não sabiam responder a nenhuma dessas perguntas. Eles só fingiam que sabiam.

Receita de universo

Então, de onde viemos e como surgimos? Bom, quando as coisas realmente começaram, só havia átomos — essas minúsculas partículas de matéria que compõem tudo que existe. Mas durante muito tempo não havia nem átomos nem um universo para eles se situarem. Não havia nada — absolutamente nada — além de algo inimaginavelmente pequeno, que os cientistas chamam de singularidade. **E que se revelou suficiente!**

Os prótons formam uma pequena parte do centro do átomo. São tão pequenos que um pingo de tinta, como o da letra "i", pode conter cerca de 2 000 000 000 000 000 000 000 000 000 000 000 prótons.

Como fazer um universo
Você precisa de:
- um próton — reduzido a um bilionésimo do tamanho;
- todas as partículas de matéria (poeira, gás e outras) que você encontrar desde aqui até o limite do universo;
- um espaço — muito, muito menor que o minúsculo próton!

Pegue um próton...

Por mais que você se esforce, nunca vai conseguir entender como o próton é pequeno. Muito pequeno. O próton é uma parte infinitesimal do átomo, que já é uma coisa inimaginavelmente minúscula. Agora, imagine que você pode (e é claro que não pode) encolher um próton até reduzi-lo a um bilionésimo de seu tamanho normal.

Acrescente...
- todas as partículas de matéria que você encontrou;
- e coloque-as num espaço tão exíguo que nem sequer tem dimensões.

Ótimo! Você tem tudo para fazer um universo.

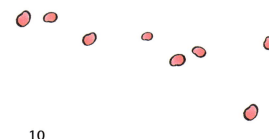

Prepare-se para um verdadeiro *BIG BANG*

Claro que você vai querer se abrigar num lugar seguro para assistir ao espetáculo. Infelizmente, não vai achá-lo, porque em volta de sua pequenina mistura de ingredientes não existe nenhum "lugar". É natural querermos imaginar nosso começo como uma espécie de ponto pendurado no espaço escuro e ilimitado que nos rodeia. Mas nesse exato momento não existe espaço e não existe escuridão. Nosso universo vai surgir do nada.

Estamos a caminho

De repente, num movimento único, num instante glorioso, rápido demais, dramático demais para ser descrito com palavras, seus ingredientes tomam forma.

- O primeiro segundo produz a gravidade e as outras forças que governam a física.
- Em menos de um minuto, o universo se estende por bilhões de quilômetros e cresce com rapidez.
- O calor é intenso — 10 bilhões de graus —, suficiente para desencadear as reações nucleares que acabarão por criar os elementos mais leves — principalmente hidrogênio e hélio.
- E, em três minutos, são criados 98% de tudo que existe ou existirá um dia no universo.

E assim, do nada, surge nosso universo

O momento exato em que isso aconteceu é tema de discussão. Faz muito tempo que os cosmólogos discutem se o momento da criação ocorreu há 10 bilhões de anos, há 20 bilhões de anos ou numa data intermediária. Parece que tendem a um consenso em torno de 13,7 bilhões de anos, mas é muito difícil medir essas coisas, como veremos mais adiante. Tudo que se pode dizer é que, em algum ponto desconhecido do passado remotíssimo, por motivos igualmente desconhecidos, ocorreu o momento que a ciência chama de "tempo igual a zero", ou **$t = 0$**.

Antes do *big bang*, o tempo não existia. Mas, numa fração de segundo, t seria alguma coisa. Vamos descobrir o quê.

Temos um universo.
É um lugar
maravilhoso —
e lindíssimo.
E foi feito mais ou
menos no tempo que
se leva para fazer
um sanduíche.

O *big bang*

A teoria do *big bang* não se refere ao *bang* em si, mas ao que aconteceu logo depois. Baseados num monte de cálculos, os cientistas chegaram a um décimo milionésimo de trilionésimo de trilionésimo de trilionésimo de segundo após a criação, quando o universo ainda era tão pequeno que só poderiam vê-lo ao microscópio.

A gravidade
Num décimo milionésimo de trilionésimo de trilionésimo de trilionésimo de segundo após o *big bang* surgiu a gravidade.

Eletromagnetismo, forças nucleares — objetos da física — surgiram num instante.

Partículas de "matéria" saíram do nada. De repente, havia nuvens de prótons, elétrons, nêutrons...

Nosso Sol
Uma grande espiral de gás e poeira com cerca de 25 bilhões de quilômetros de extensão começou a se formar no espaço. Quase toda ela — 99,9% — formaria o Sol.

Nossa Terra
Dois grãos microscópicos do material restante ficaram flutuando suficientemente próximos um do outro para que forças eletrostáticas os unissem. Então nasceu nosso planeta.

Muitos livros nos dizem para não imaginarmos o *big bang* como uma explosão normal. Apesar do nome, ele foi uma vasta e súbita expansão numa escala monumental.

Planetas "bebês"
Em todo o sistema solar acontecia a mesma coisa. Grãos de poeira colidiam para formar grumos maiores. No fim, esses grumos se tornaram suficientemente grandes para serem chamados de planetesimais. Chocando-se sem parar, os planetesimais se romperam, separaram-se ou se uniram novamente, de infinitas maneiras. Em cada ocasião havia um vencedor, e alguns vencedores cresceram o bastante para dominar a órbita em que se encontravam. Tudo isso aconteceu com extraordinária rapidez. O pequeno amontoado de grãos provavelmente demorou só algumas dezenas de milhares de anos para se tornar um planeta bebê.

Alguns números imensos!

Grande parte do que acreditamos saber sobre os momentos iniciais do universo se deve à chamada "teoria da inflação". Imagine que, numa fração de instante depois da criação, o universo tenha passado por uma repentina e enorme expansão, inflando com incrível rapidez. Em apenas um milionésimo de milionésimo de milionésimo de milionésimo de milionésimo de segundo, ele deixou de ser uma coisa que você poderia segurar na mão para se tornar pelo menos 10 000 000 000 000 000 000 000 000 vezes maior.

Assim, num instante...

surgiu um universo que se estendia por 100 bilhões de anos-luz, no mínimo, mas poderia ser infinito. Perfeitamente organizado, ele estava pronto para a criação das galáxias, esses enormes conjuntos de estrelas, gás, poeira e outras matérias que orbitam em torno de um único centro.

Nossa Lua

Em algum momento, há cerca de 4,4 bilhões de anos, um objeto do tamanho de Marte colidiu com a Terra. E soltou material suficiente para formar um segundo grumo, menor. Ao cabo de cem anos, esse grumo se transformou na rocha esférica que chamamos de Lua. (Acredita-se que a maior parte do material lunar provém do manto terrestre, e não do núcleo; por isso a Lua tem tão pouco ferro, ao passo que a Terra o tem em abundância.)

Forma-se nossa atmosfera

É provável que, quando tinha mais ou menos um terço de seu tamanho atual, a Terra já estivesse começando a criar uma atmosfera, composta basicamente de dióxido de carbono, nitrogênio, metano e enxofre. Surpreendentemente, a vida surgiu a partir dessa mistura insalubre. O dióxido de carbono é um poderoso gás de efeito estufa e ajudou a manter o calor do planeta. Isso foi bom, porque, na época, o Sol era muito menos brilhante e bem mais frio. Sem o dióxido de carbono, talvez a Terra tivesse congelado para sempre e a vida nunca tivesse surgido. Mas ela surgiu.

Estamos chegando!

Nos 500 milhões de anos seguintes, a jovem Terra continuou sendo apedrejada sem parar por cometas, meteoros e outros detritos galácticos. Eles trouxeram água para encher os oceanos e também os componentes necessários à formação da vida. Nesse ambiente francamente hostil, pequeninas bolsas de substâncias químicas ganharam vida — e NOS PUSEMOS A CAMINHO.

Oi! Que bom que você conseguiu!

Bem-vindo. E parabéns. Estou contente por você ter conseguido. Chegar aqui não foi nada fácil, eu sei. Na verdade, desconfio que foi um pouco mais difícil do que você imagina.

Para começo de conversa, trilhões de átomos dispersos tiveram de se juntar num processo complicado para criar você. Trata-se de um arranjo tão especial e exclusivo que nunca foi tentado antes e só acontece uma vez. Nos próximos anos (muitos, esperamos), essas pequeninas partículas pacientemente cumprirão sua função de manter você intacto e lhe permitirão desfrutar a agradável experiência de existir.

O que faz você ser você

Por que os átomos se dão esse trabalho é um enigma. A verdade é que, apesar de tão atentos e dedicados, seus átomos não ligam a mínima para você — eles nem sabem que você existe. Aliás, também não sabem que **eles** existem. Afinal, são partículas insensíveis e nem sequer estão vivas. No entanto, enquanto você existir, seus átomos só terão uma coisa em mente: fazer com que você continue sendo você.

Agora, a má notícia...

A má notícia é que os átomos são volúveis. Você não pode esperar que eles fiquem com você por mais tempo do que eles têm de ficar. Mesmo uma longa vida humana dura apenas umas 650 mil horas. E, quando atingirem essa modesta meta, seus átomos, não sabemos por quê, vão desativar você, separar-se e partir para formar outras coisas.

Quanto a você, acabou-se.

Desde seu nascimento, você nada mais é que um milagre atômico. Um bebê de quatro quilos tem mais ou menos 400 000 000 000 000 000 000 000 000 átomos no corpo.

Se você tivesse de se desmontar por inteiro, arrancando com uma pinça um átomo de cada vez, o resultado seria um monte de poeira atômica bem fina, que nunca teve vida, mas que, no conjunto, um dia foi você.

O milagre da vida

Mesmo assim, você deve se dar por feliz. Pois, pelo que sabemos, isso não acontece em nenhum outro lugar do universo. É uma coisa muito estranha, porque os átomos que se juntam para formar coisas vivas na Terra são exatamente os mesmos átomos que não fazem isso em outros lugares.

Sob alguns aspectos, a vida parece um milagre. No nível da química, porém, é extremamente banal: só precisa de carbono, hidrogênio, oxigênio, nitrogênio, um pouco de cálcio, uma pitada de enxofre, um bocadinho de outros elementos bem comuns — nada que você não encontre em qualquer farmácia. A única coisa especial dos átomos que formam você é o fato de que eles formam você. E isso, naturalmente, é **o verdadeiro milagre da vida**.

Sem os átomos não haveria água, nem ar e pedras, nem estrelas e planetas, nem distantes nuvens de gases e rodopiantes nebulosas. Portanto, ainda bem que existem os átomos.

Escutando o *big bang*

Corria o ano de 1964, e os cientistas americanos Arno Penzias e Robert Wilson tentavam utilizar uma grande antena de comunicações pertencente aos Laboratórios Bell, de Nova Jersey, nos Estados Unidos, mas um ruído de fundo, um zumbido constante, os impedia. O ruído partia de todos os pontos do céu, noite e dia, em todas as estações do ano.

Faxina geral!

Durante um ano, os jovens astrônomos fizeram de tudo para localizar e eliminar o ruído. Testaram todos os sistemas elétricos. Remanejaram instrumentos, checaram circuitos, sacudiram fios, espanaram tomadas. Subiram na antena e colocaram fita isolante em todas as junções e todos os rebites. Munidos de vassouras e escovas, tornaram a subir na antena e limparam o que depois chamaram de "material dielétrico branco" — e que comumente chamamos de titica de passarinho. Nada disso adiantou.

Enquanto isso, ali perto...

Eles não sabiam que, a cerca de cinquenta quilômetros dali, pesquisadores da Universidade de Princeton trabalhavam numa ideia que o astrofísico George Gamow apresentara anos antes: quem observasse o espaço em profundidade suficiente encontraria alguma radiação cósmica de fundo deixada pelo *big bang*. Gamow acreditava que, tendo cruzado a vastidão do cosmo, a radiação alcançaria a Terra na forma de micro-ondas. Ele chegou a dizer que a antena dos Laboratórios Bell poderia captá-las.

Uma luz antiga

O ruído que Penzias e Wilson ouviam era, evidentemente, o ruído que Gamow tinha previsto. Eles encontraram o limite do universo ou, pelo menos, da parte visível do universo, situado a 150 bilhões de trilhões de quilômetros. Estavam "vendo" os primeiros fótons — a luz mais antiga do universo — na forma de micro-ondas, exatamente como Gamow havia dito.

Sintonizando o *big bang*

Todos nós já lidamos com interferências causadas pela radiação cósmica de fundo. Sintonize sua televisão em qualquer canal que ela não receba: cerca de 1% da estática se deve a remanescentes antigos do *big bang*. Portanto, da próxima vez que você reclamar que não acha nada para ver na tevê, lembre que você sempre pode assistir ao surgimento do universo!

Observando o universo

Imagine que observar as profundezas do universo é como olhar para cima desde o saguão do Empire State, em Nova York.

Na época da descoberta de Wilson e Penzias, as galáxias mais distantes que haviam sido detectadas estavam na altura do 40º andar. As coisas mais distantes — quasares — podiam ser vistas na altura do 80º andar, mais ou menos.

Agora, o universo visível está a cerca de um centímetro do teto do último andar. De repente, os cientistas podiam ver e entender muito mais.

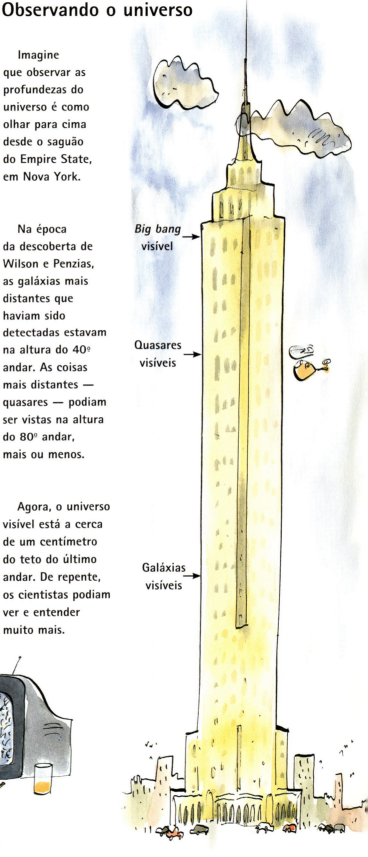

17

Até o limite do universo

Agora, a pergunta que em algum momento ocorreu a todos nós é: o que aconteceria se fôssemos até o limite do universo e puséssemos a cabeça para fora? Onde ficaria nossa cabeça, já que não estaria mais no universo?

Que limite?

A resposta é decepcionante: não podemos ir até o limite do universo. Não só levaríamos muito tempo como, mesmo viajando sem parar em linha reta, nunca chegaríamos a borda nenhuma. Ao contrário: nossas viagens nos trariam de volta ao ponto de partida. Isso aconteceria porque o universo se curva de um modo que não conseguimos realmente imaginar. Não estamos flutuando numa imensa bolha em constante expansão. Na verdade, o espaço se curva de tal maneira que consegue, ao mesmo tempo, não ter limite nem borda e ser finito.

O universo visível se estende por 1,6 milhão de milhões de milhões de milhões de quilômetros (ou 1 600 000 000 000 000 000 000 000).

Gente do plano

Imagine que habitantes de um universo de superfícies planas que nunca tivessem visto uma esfera na vida chegassem à Terra. Por mais que andassem pelo planeta, eles nunca encontrariam a borda. Talvez acabassem voltando ao ponto de partida e então estivessem tão confusos que não conseguiriam explicar o que aconteceu.

Onde estamos, afinal?

Bom, estamos na mesma posição de nossos perplexos visitantes do plano, só que nos debatemos com mais uma pergunta: onde é que **NOS** situamos em tudo isso? Assim como não existe lugar nenhum onde se possa encontrar o limite do universo, também não existe lugar nenhum onde se possa parar e dizer: "Foi aqui que tudo começou. Este é o ponto mais central de tudo isso". Seria bom pensar que estamos no centro de tudo, e talvez estejamos mesmo. Os cientistas não conseguem provar isso matematicamente.

O que não é nenhuma surpresa, na verdade. Afinal, o universo é enorme. Para nós, ele vai só até onde a luz viajou nos bilhões de anos que se passaram desde sua formação. No entanto, segundo a maioria das teorias, o universo é muito mais vasto. O número de anos-luz até o limite desse universo maior e invisível seria escrito não com dez ou cem zeros, mas com milhões de zeros.

Se durante um ano você caminhasse sem parar a 4,8 km/h, cobriria uma distância de 42048 quilômetros — mais ou menos o equivalente a uma volta ao mundo. A luz se move a cerca de 1 072 986 606,7 km/h. Portanto, num ano ela viaja mais de 9,6 trilhões de quilômetros, ou o equivalente a 220 voltas ao mundo.

Agora vamos embarcar numa nave espacial e investigar por nós mesmos o tamanho de nosso grande universo.

Viagem pelo espaço

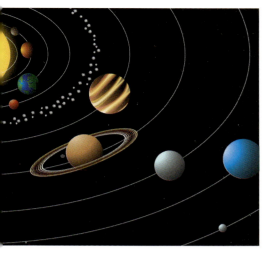

Imagine, só de brincadeira, que vamos fazer uma viagem espacial. Não precisamos ir muito longe — só até o limite de nosso sistema solar — para ter uma ideia da vastidão do espaço e da pequena parte que nos toca.

Os mapas escolares geralmente mostram os planetas em sequência, separados por pequenos intervalos. Só assim conseguem colocar todos os planetas na mesma folha de papel.

Temos de ganhar velocidade

Mesmo que viajássemos na velocidade da luz, levaríamos sete horas para alcançar Plutão, o planeta anão. Mas é claro que não podemos chegar nem perto dessa velocidade. Teremos de viajar na velocidade das espaçonaves, que são meio pesadonas. As maiores velocidades que um artefato produzido pelo homem já alcançou são as das naves *Voyager* 1 e 2, que agora estão se afastando de nós a cerca de 56 mil quilômetros por hora.

O sistema solar inclui: o Sol, os oito planetas e suas luas, três planetas anões — um dos quais é Plutão — e suas quatro luas e bilhões de asteroides, cometas, meteoroides e partículas de poeira interplanetária.

Espaço é... bem... espaço!

Agora, a primeira coisa que você certamente vai perceber é que o espaço é um nome bem dado e que não acontece muita coisa do outro lado da janela.

Muito espaço vazio e sem graça...

Você logo vai perceber que nunca viu nenhum mapa do sistema solar desenhado em escala, ainda que remotamente.

As distâncias entre os planetas são tão grandes que seria impossível desenhá-los em escala.

Perdidos no espaço

Nosso sistema solar talvez seja o que há de mais vivo em trilhões de quilômetros, porém tudo que ele tem de visível — o Sol, os planetas e suas luas, os bilhões de rochas cadentes do cinturão de asteroides, cometas e integrantes diversos da poeira cósmica — preenche menos de uma trilionésima parte do espaço disponível.

Viajando sem parar...

Quando alcançarmos Plutão, estaremos tão longe que o Sol terá se reduzido a uma cabeça de alfinete. Será pouco mais que uma estrela brilhante. E, quando passarmos por Plutão, você perceberá que não vamos parar. Verifique o itinerário: o destino é o limite de nosso sistema solar — e ainda não estamos nem perto. Plutão pode ser o último objeto que aparece nos mapas escolares, mas o sistema não termina em Plutão. Na verdade, está bem longe de terminar.

Só chegaremos ao limite do sistema solar depois de passar pela nuvem de Oort, um vasto campo celestial de cometas errantes. E — lamento informar — só alcançaremos a nuvem de Oort daqui a 10 mil anos. Portanto, a má notícia é que não vamos voltar para casa a tempo de jantar.

Essa pode ser a imagem mais sem graça do mundo, porém é uma foto da Terra, tirada da *Voyager* 1 a mais de 1,6 bilhão de quilômetros.

Longe de assinalar o limite do sistema solar, como indicam os mapas escolares, Plutão está no equivalente a 0,2 milésimos do caminho até lá.

e mais espaço vazio e sem graça...

Mesmo que você acrescentasse uma sanfona de páginas a seus livros escolares ou usasse um papel gigantesco, não chegaria nem perto.

Próxima parada — Júpiter — a apenas trezentos metros (menos o tamanho desta página).

Procurando Plutão

Os astrônomos de hoje conseguem fazer coisas incríveis. Se alguém acendesse um fósforo na Lua, eles localizariam o clarão. Observando as mínimas pulsações de estrelas distantes, conseguem determinar o tamanho e as características de planetas tão longínquos que são invisíveis — e aos quais só chegaríamos após 500 mil anos de viagem.

Em suma, não há muita coisa no universo que os astrônomos não consigam detectar, se quiserem. Por isso é muito estranho que, até 1978, ninguém tivesse percebido que Plutão tem uma lua.

No verão daquele ano, um jovem astrônomo chamado James Christy, que trabalhava no Observatório Lowell, no Arizona, nos Estados Unidos, estava examinando imagens fotográficas de Plutão e, de repente, notou uma espécie de mancha: tratava-se, provavelmente, de uma lua. Mas não de uma lua qualquer. Essa era uma das maiores luas do sistema solar. Como até então se pensava que o espaço ocupado pela lua e o espaço ocupado por Plutão eram o mesmo, Plutão tinha de ser muito menor do que se supunha — menor até que Mercúrio. Na verdade, outras sete luas de nosso sistema solar, inclusive a nossa, são maiores que Plutão.

Então, por que se demorou tanto para descobrir uma lua em nosso sistema solar? A resposta é que os astrônomos tendem a direcionar seus instrumentos para pontos minúsculos do céu, procurando quasares, buracos negros e galáxias distantes.

Com seus radiotelescópios, os astrônomos conseguem captar fiapos de radiação tão fracos que toda a energia de fora do sistema solar coletada por eles é "menor que a energia de um único floco de neve tocando o solo".

Representações artísticas como esta nos levaram a imaginar Plutão como uma esfera clara e nítida. Na verdade, Plutão é um pequenino ponto obscuro, e sua lua não passa de uma nebulosa manchinha.

É um planeta?

O astrônomo americano Clyde Tombaugh localizou Plutão em 1930. Foi uma descoberta extraordinária, pois o novo planeta é muito pequeno. Mesmo hoje, ninguém sabe ao certo qual é seu tamanho, do que ele é feito, que tipo de atmosfera possui ou o que ele realmente é.

Muitos astrônomos questionaram se Plutão é de fato um planeta ou apenas o maior objeto existente na zona de detritos galácticos conhecida como cinturão de Kuiper. (O cinturão de Kuiper é a parte de nosso sistema solar onde têm origem os cometas de curto período — que passam por aqui com certa regularidade —, dos quais o Halley é o mais famoso.)

Expulso do clube

Em 2006, Plutão foi expulso da liga dos planetas por não fazer jus ao nome, sob vários aspectos. Pelas novas regras, é um "planeta anão". Contudo, tendo sido considerado um planeta durante mais de três quartos de século e com a Nasa preparando uma missão que pretende chegar lá perto em julho de 2015, Plutão não será esquecido. Após sua expulsão, nosso sistema solar passou a ter quatro planetas interiores rochosos e quatro gigantes exteriores gasosos.

Mas pode haver novas mudanças. Os astrônomos descobriram mais de seiscentos plutinos, objetos existentes no cinturão de Kuiper. Um deles, Varuna, é quase tão grande quanto a lua de Plutão. Agora os astrônomos acreditam que deve haver bilhões desses objetos, muitos dos quais são terrivelmente escuros e estão a mais de 6 bilhões de quilômetros de nós.

Órbita inclinada

Plutão certamente não se comporta como os outros planetas. Além de ser pequeno e obscuro, muda tanto seus movimentos que ninguém sabe onde estará daqui a um século. Enquanto a órbita dos outros planetas se mantém mais ou menos no mesmo plano, a de Plutão sai do alinhamento num ângulo de dezessete graus, ficando como a aba de um chapéu inclinado na cabeça.

Novas regras planetárias

Cada planeta deve:
- descrever sua própria órbita ao redor do Sol;
- ter massa suficiente para que a gravidade lhe dê uma forma esférica;
- dominar sua órbita: em outras palavras, sua massa deve ser maior que qualquer coisa que cruze sua órbita.

Plutão é minúsculo: sua massa equivale a 0,25% da massa da Terra.

Hubble, não conseguimos ver o interior da nuvem de Oort, que se situa depois de Plutão e se estende pelo cosmo.

Pelo que sabemos hoje, é impossível que um ser humano chegue ao limite de nosso sistema solar. Mas, se chegasse, veria o Sol como uma luzinha distante e tremida, e não como a estrela mais brilhante do céu.

Acho que você está começando a entender por que mesmo objetos importantes de nosso sistema solar — a lua de Plutão, por exemplo — passaram despercebidos. Acreditava-se que Netuno tinha duas luas, mas as expedições das naves *Voyager* revelaram outras seis! Trinta anos atrás, pensava-se que o sistema solar tinha trinta luas. Hoje, o total é de, no mínimo, noventa, das quais um terço foi localizado nos últimos dez anos.

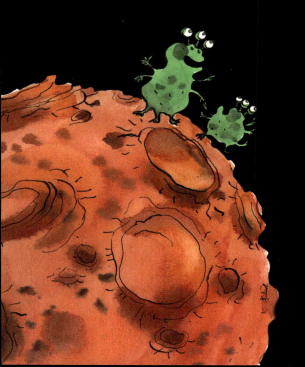

Viajar pelo espaço ainda é perigoso e caro. Cancelou-se uma missão tripulada a Marte quando se descobriu que custaria 450 bilhões de dólares e provavelmente acarretaria a morte de toda a tripulação (despedaçada pelas partículas solares de alta energia).

A *Voyager* 1 é uma sonda espacial robótica. Visitou Júpiter e Saturno nos últimos trinta anos e viajará para fora do sistema solar, enviando informações durante o percurso.

Portanto, num futuro previsível, provavelmente não conseguiremos ir tão longe quanto gostaríamos. Mas e se seres extraterrestres conseguirem chegar até nós?

Quem está lá?

O que será que existe fora do sistema solar? Nada e muita coisa, dependendo do ponto de vista.

Uma infinidade de nada

Nada é tão vazio como o vazio do espaço interestelar. E esse vazio se estende e se estende, até aparecer alguma coisa. Nosso vizinho mais próximo, Proxima Centauri, está 100 milhões de vezes mais longe de nós que a Lua. E percorreríamos distâncias parecidas se tentássemos viajar pelo cosmo, de estrela em estrela. Só para alcançar o centro de nossa galáxia levaríamos muito mais tempo do que o de toda nossa existência como seres humanos.

Tudo é possível

O espaço é enorme, repito. A distância média entre as estrelas é de mais de 30 trilhões de quilômetros. Naturalmente, é *possível* que alienígenas viajem bilhões de quilômetros para se divertir plantando em círculos no interior da Inglaterra ou assustando um pobre caminhoneiro numa estrada deserta do Arizona. Mas parece improvável. Estatisticamente, é grande a probabilidade de existirem outros seres pensantes no universo. Ninguém sabe quantas estrelas há na Via Láctea — talvez algo entre 100 bilhões e 400 bilhões —, e a Via Láctea é só uma das cerca de 140 bilhões de galáxias, muitas das quais são até maiores que a nossa.

Uma viagem de espaçonave até Proxima Centauri demoraria no mínimo 25 mil anos. E levaria a um solitário agrupamento de estrelas, perdido no meio de um imenso nada.

Uma visita inesperada

Na década de 1960, o professor americano Frank Drake avaliou as possibilidades de vida avançada no cosmo. De acordo com seus cálculos, talvez sejamos apenas uma entre milhões de civilizações adiantadas. Infelizmente, sendo o espaço tão espaçoso, estima-se que a distância média entre duas dessas civilizações seja de no mínimo duzentos anos-luz — o que é muito mais do que parece.

Frank Drake dividiu o número de estrelas de determinada parte do universo:
- pelo número de estrelas que têm sistemas planetários;
- pelo número de sistemas planetários que teoricamente poderiam abrigar vida;
- pelo número dos sistemas planetários em que a vida, tendo surgido, poderia avançar até um estado de inteligência;
- e assim por diante.

Para começar, mesmo que esses seres saibam que estamos aqui e consigam nos ver em suas telas, o que eles estão vendo é uma luz que partiu da Terra há duzentos anos. Portanto, não estão me vendo, não estão vendo você. Estão vendo gente de meia de seda e peruca empoada — gente que não sabe o que é átomo ou gene e que acha grande coisa produzir eletricidade esfregando um bastonete de âmbar numa pele de animal.

Somente na Via Láctea, o número de sistemas em que a vida poderia evoluir está na casa dos milhões.

Caçador de supernovas

O reverendo Robert Evans observa o céu, mas não está procurando alienígenas. Ele é um grande caçador de supernovas!

Com céu claro e pouco luar, esse homem tranquilo e alegre arrasta um volumoso telescópio até o terraço de sua casa, nas Blue Mountains, Austrália, a cerca de oitenta quilômetros de Sydney, e faz uma coisa extraordinária: observa as profundezas do passado e localiza estrelas agonizantes.

Galáxias numa nesga

O que Bob Evans tem em casa não é exatamente um observatório, com cúpula corrediça e equipamento adequado. É um quarto atulhado, ao lado da cozinha, onde guarda seus livros, seus papéis e seu telescópio, um cilindro branco mais ou menos do tamanho de uma caldeira doméstica. Entre a aba do telhado e a copa dos eucaliptos, ele avista apenas uma nesga do céu, mas diz que é mais que suficiente para o que pretende. Só umas 6 mil estrelas são visíveis da Terra a olho nu, e só umas 2 mil podem ser vistas de qualquer lugar. Mas, com seu telescópio de dezesseis polegadas, Bob Evans consegue ver entre 50 mil e 100 mil galáxias inteiras — cada uma das quais engloba dezenas de bilhões de estrelas.

O grão intruso

Para se ter uma ideia da habilidade de Bob Evans, imagine uma sala com 1500 mesas. Em cada mesa há uma toalha preta e um punhado de sal. Imagine que os grãos de sal formam uma galáxia. Agora adicione um grãozinho de sal numa das mesas. Bob Evans imediatamente localiza o "intruso" — sua supernova!

Encontrando supernovas

Observar o passado é a parte fácil. Olhando para o céu, à noite, o que você vê é história — muita história. Vê as estrelas não como são agora, mas como eram quando perderam a luz. É bem possível que as estrelas brilhantes de hoje tenham se extinguido há muito tempo, só que ainda não sabemos. Estrelas morrem a todo instante. Bob Evans tenta localizar esses momentos finais. Até 1980, quando ele ainda não observava o céu, menos de sessenta supernovas tinham sido localizadas. Em 2003, Evans havia encontrado mais 36.

Fritz Zwicky, astrônomo *superstar*

O termo "supernova" foi criado na década de 1930 pelo cientista Fritz Zwicky. Ele estava interessado em novas estrelas, pontos de luz que surgem no céu esporadicamente e sem explicação. Ocorreu-lhe que, quando uma estrela morre, os átomos que a compõem se comprimem e seus elétrons são impelidos para o núcleo, formando nêutrons. Surge, assim, uma estrela de nêutrons.

Imagine 1 milhão de balas de canhão reduzidas ao tamanho de uma bolinha de gude — você não chegou nem perto. O núcleo de uma estrela de nêutrons é tão denso que uma única colher de sua matéria pesaria mais de 500 bilhões de quilos. Uma colher! E não é só isso. Zwicky percebeu que, ao morrer, uma estrela dessas libera uma quantidade imensa de energia — suficiente para provocar a maior explosão no universo.

Ele chamou essas explosões de "supernovas".

E se uma estrela explodisse aqui perto?

Nosso vizinho mais próximo na categoria estrela é Proxima Centauri, situada a 4,3 anos-luz. Se ela explodisse, teríamos 4,3 anos para ver a explosão se propagando pelo céu, como se irrompesse de uma lata gigantesca? Teríamos 4,3 anos para ver a destruição se aproximando, cientes de que, quando ela finalmente chegasse, nos reduziria a pó?

A resposta é: Não!

A notícia desse acontecimento viajaria na velocidade da luz — e a destruição também, de modo que morreríamos assim que a víssemos.

Mas não se preocupe — isso não vai acontecer.

É preciso uma estrela entre dez e vinte vezes maior que nosso Sol para produzir uma supernova, e a estrela desse tamanho mais próxima é Betelgeuse, que está muito longe de nós. Portanto, relaxe!

As supernovas são extremamente raras. Numa galáxia típica, com 100 bilhões de estrelas, uma supernova ocorre, em média, só uma vez em duzentos ou trezentos anos.

De volta à Terra

No início do século XVIII, havia muita vontade de entender a Terra. Dois grandes cientistas encontrariam respostas para algumas perguntas importantes.

Halley não descobriu o cometa que leva seu nome. Só reconheceu que o cometa que ele viu em 1682 era o mesmo que outros tinham visto em 1456, 1531 e 1607.

Inventor e cientista brilhante...

Edmond Halley, o astrônomo inglês, era uma figura excepcional. Durante sua longa vida, foi capitão de navio, cartógrafo, professor de geometria na Universidade de Oxford, vice-superintendente da Casa da Moeda, astrônomo real e inventor do sino de imersão em alto-mar. Escreveu sobre magnetismo, marés e movimentos dos planetas. Criou o mapa meteorológico e uma tabela de expectativa de vida. Propôs formas de calcular a idade da Terra e sua distância em relação ao Sol e até sugeriu um processo de conservação de peixe fresco.

... conhece um gênio

Em 1683, durante um jantar, Halley, o arquiteto Christopher Wren e colegas conversavam sobre a maneira como os planetas e outros corpos celestes se deslocam pelo espaço. Na época, sabia-se que os planetas normalmente descrevem uma órbita oval, chamada elipse, mas não se entendia por quê. Sir Wren generosamente ofereceu um prêmio de quarenta xelins (equivalente ao salário de algumas semanas) a quem conseguisse apresentar uma solução.

Halley queria muito ganhar o prêmio. Assim, na esperança de obter alguma ajuda, atreveu-se a procurar sir Isaac Newton, que lecionava matemática na Universidade de Cambridge. Newton imediatamente afirmou que sabia a resposta. Mas Halley teve de esperar para reclamar o prêmio. Sir Isaac demorou dois anos para expor suas descobertas nos três volumes da *Philosophiae Naturalis Principia Mathematica*, ou *Principia*.

Estapafúrdio!

Isaac Newton era um sujeito esquisito — extremamente brilhante, mas solitário, tristonho, irritadiço, quase paranoico e capaz do comportamento mais estranho. Ele mesmo construiu seu laboratório, onde realizava as mais bizarras experiências. Uma vez, espetou no olho uma sovela — uma espécie de agulha usada para furar couro — e esfregou para ver o que acontecia. Por sorte, não aconteceu nada — pelo menos nada grave.

Grandes explicações

As teorias de Newton lhe renderam fama imediata. Embora tenha sido rotulado de "um dos livros mais inacessíveis que já foram escritos", *Principia* é uma luz para quem consegue entendê-lo. Entre outras coisas, explica as órbitas dos planetas, cometas e similares, bem como a força de atração que os põe em movimento — a gravidade. Com algumas multiplicações e uma divisão simples, você fica sabendo sua posição gravitacional aonde quer que vá.

A fórmula de Newton foi a primeira lei universal da natureza. De repente, cada movimento do universo fazia sentido — o vaivém das marés oceânicas, os movimentos dos planetas, o motivo pelo qual uma bala de canhão descreve um arco antes de cair e o que impede que sejamos lançados no espaço quando o planeta gira sob nossos pés a centenas de quilômetros por hora.

No fim, Newton apresentou o que chamou de lei da gravitação universal, segundo a qual todo objeto do universo exerce uma atração sobre outro. Pode não parecer, mas, enquanto está aí sentado, você, com seu pequenino campo gravitacional, está atraindo tudo que se encontra a seu redor — paredes, teto, lâmpada, gato. E essas coisas também estão atraindo você.

No centro das teorias de Newton estão as três leis do movimento:

1. Um objeto se move na direção em que é impelido.
2. Esse objeto continuará se movendo em linha reta e velocidade constante até que outra força atue para mudar sua velocidade ou direção.
3. A toda ação corresponde uma reação igual e contrária.

Enquanto isso, muito antes de Newton formular suas teorias, cientistas de todo tipo tentavam calcular o tamanho da Terra.

31

Medindo a Terra

Durante meio século, os geógrafos usaram a matemática e uma técnica estafante, chamada triangulação, que os obrigava a estender pesadas correntes entre dois pontos.

Triangulação foi o método utilizado pelo astrônomo grego Hiparco de Niceia, em 150 a.C., para calcular a distância da Terra à Lua.

Como funciona

A triangulação se baseia no fato geométrico de que, se você conhece o comprimento de um lado de um triângulo e os dois ângulos adjacentes a esse lado, pode calcular todas as outras dimensões do triângulo. Suponha que você e eu decidimos saber a distância entre a Terra e a Lua. A primeira coisa que devemos fazer é estabelecer alguma distância entre nós. Assim, digamos que você está em Paris e eu em Moscou e nós dois olhamos para a Lua no mesmo instante.

- Então, se você traçar linhas retas ligando esses três elementos — você, eu e a Lua —, vai formar um triângulo.
- Agora, meça o comprimento da linha da base do triângulo — a linha entre nós dois — e os ângulos de nossos dois cantos.
- Como os ângulos internos de um triângulo sempre somam 180 graus, se você conhece a soma de dois ângulos, pode calcular o terceiro; e, sabendo a forma do triângulo e o comprimento de um lado, saberá quanto medem os outros lados.

Correntes de aço

Para medir distâncias horizontais, é preciso manter as correntes ou as trenas bem esticadas, pois elas se dilatam ou retraem em extremos de calor ou de frio. Também é essencial mantê-las niveladas.

De Londres a York

Uma das primeiras tentativas de usar a triangulação para medir a Terra foi realizada por Richard Norwood, jovem matemático inglês. Apaixonado por trigonometria — e, consequentemente, por ângulos —, Norwood decidiu usar a triangulação para medir o comprimento de um grau do meridiano da Terra e, assim, calcular o comprimento de toda a circunferência do planeta.

Em 1633, com as costas voltadas para a Torre de Londres, ele deu início à caminhada que se estenderia por dois anos e o levaria a percorrer 335 quilômetros, até York. Norwood tinha consigo uma corrente e, durante todo esse tempo, constantemente a esticava, media e ajustava em função dos altos e baixos do terreno e das curvas da estrada. O passo final foi medir o ângulo do Sol em York na mesma hora do dia e no mesmo dia do ano em que ele tinha feito sua primeira medição em Londres. Era um projeto ambicioso, mas Norwood foi relativamente preciso, com uma margem de erro de aproximadamente 550 metros.

O que é meridiano?

Meridiano é uma linha norte-sul traçada entre os polos terrestres e usada pelos astrônomos para fazer medições. O meridiano que atravessa Greenwich, na Inglaterra, representa a longitude zero (0º). Para medir qualquer lugar da Terra, compara-se seu ângulo leste ou oeste com essa linha.

Infelizmente, a tarefa de medir a Terra logo se tornaria mais complicada...

33

O bojo da Terra

Em sua obra *Principia*, Newton fez uma afirmação que, quase de imediato, gerou controvérsia. Ele disse que a Terra não é exatamente redonda.

Um meio em expansão

Segundo a teoria de Newton, a força centrífuga da rotação da Terra acarreta um ligeiro achatamento nos polos e um abaulamento no equador, o que torna o planeta um tanto bojudo.

Isso significa que o comprimento de um grau de meridiano diminui à medida que nos afastamos dos polos. Não foi uma boa notícia para quem baseava as medições do planeta na ideia de que se trata de uma esfera perfeita.

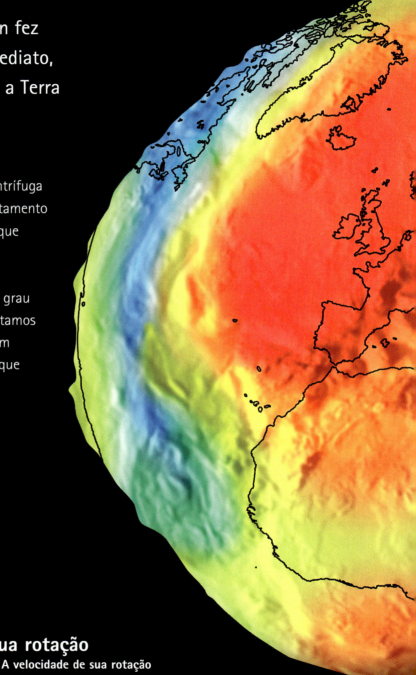

Sua rotação

A velocidade de sua rotação depende do lugar onde você está. A Terra gira numa velocidade que varia de cerca de 1700 quilômetros por hora no equador a zero nos polos. Em Londres, por exemplo, a velocidade é de 1046 quilômetros por hora.

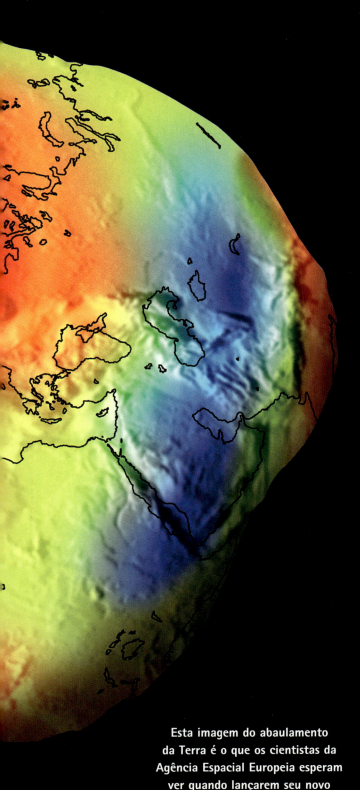

Esta imagem do abaulamento da Terra é o que os cientistas da Agência Espacial Europeia esperam ver quando lançarem seu novo satélite de reconhecimento.

A forma da Terra

Dados enviados por satélites nos últimos dez anos mostram que o abaulamento da Terra no equador está aumentando. Isso tem tudo a ver com as mudanças no campo gravitacional do planeta.

Os cientistas acreditam que os oceanos podem estar por trás dessa alteração. Com as mudanças climáticas, grandes áreas de gelo estão derretendo e despejando água mais fria nos oceanos. Isso acontece principalmente nos mares da Antártica, no Pacífico e no Índico.

O resultado é que a Terra está começando a ficar mais parecida com uma bola de rúgbi do que com uma bola de futebol. Tais mudanças ocorrem há milhares de anos, mas só agora, com os sofisticados satélites da Nasa, é que conseguimos detectá-las.

No início do século XVIII, a teoria do abaulamento formulada por Newton incitou seus adeptos — e seus opositores — a realizarem novas medições em todo o planeta.

Terra abaulada

Uma das expedições científicas menos amistosas de todos os tempos foi a que a França enviou ao Peru em 1735. Comandada pelo matemático Pierre Bouguer e pelo soldado Charles Marie de La Condamine, ela se compunha de cientistas e aventureiros cuja missão era medir distâncias nos Andes.

A circunferência é importante

O objetivo dos franceses consistia em reunir dados que ajudassem a calcular a circunferência do planeta. Eles mediriam uma linha que ia de Yarouqui, perto de Quito, até um pouco além de Cuenca, no atual Equador — cerca de 320 quilômetros —, e com isso obteriam a resposta que buscavam.

As coisas começaram a dar errado logo no começo. Em Quito, os franceses irritaram os habitantes locais e foram expulsos por uma multidão armada de pedras. Depois, o médico da expedição foi morto numa desavença relacionada com uma mulher.

O botânico enlouqueceu. Outros morreram de febre e de quedas. O terceiro membro mais velho do grupo fugiu com uma mocinha, e nada o convenceu a voltar. Como se não bastasse, os trabalhos tiveram de ser suspensos por oito meses, enquanto La Condamine foi a Lima resolver um problema com suas licenças. No fim, ele e Bouguer pararam de se falar e se recusaram a trabalhar juntos.

Aonde iam, os franceses esbarravam na desconfiança das autoridades, que custavam a crer que um grupo de cientistas viajasse meio mundo só para medir o planeta. Não fazia sentido nenhum.

No topo dos Andes

Dois séculos e meio depois, a pergunta ainda é razoável: por que os franceses não fizeram as medições na França, em vez de se aventurar pelos Andes?

Bem, eles escolheram os Andes porque precisavam tomar essas medidas perto do equador para descobrir se Newton estava certo — se a Terra é mesmo bojuda nessa parte. E também porque achavam que as montanhas lhes proporcionariam uma boa visão, mas se enganaram: geralmente, esperavam semanas inteiras por uma hora de visibilidade, pois a cordilheira vivia encoberta por nuvens. Como se não bastasse, tinham de escalar algumas das encostas mais difíceis do mundo —que derrotavam até suas mulas. Para alcançá-las, porém, precisavam cruzar rios agitados, abrir caminho a facão pela mata e percorrer quilômetros de deserto. Praticamente nada disso constava dos mapas, e eles estavam muito longe de qualquer fonte de suprimentos.

Mas Bouguer e La Condamine eram teimosos e persistiram por longos e difíceis nove anos e meio.

Pouco antes de concluir os trabalhos, ficaram sabendo que outro grupo de franceses havia realizado medições no norte da Escandinávia (e enfrentado também grandes desconfortos, que iam de charcos escorregadios a perigosas banquisas) e descobrira que, como Newton dissera, a Terra não é exatamente redonda.

A Terra é 43 quilômetros mais bojuda na região do equador que nas proximidades dos polos.

Bouguer e La Condamine passaram quase uma década trabalhando para chegar a um resultado que não queriam e, no fim, descobriram que não eram os primeiros a encontrá-lo. Desanimados, concluíram sua missão e, ainda sem se falar, seguiram para o litoral, onde embarcaram, em navios diferentes, de volta à pátria.

Na pista de Vênus

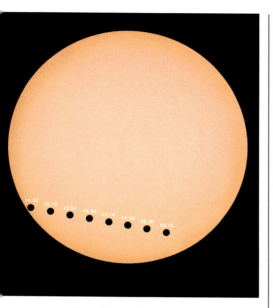

Essa foto registra a passagem de Vênus diante do Sol, com intervalos de tempo. O trânsito completo levou pouco mais de três horas.

Edmond Halley observou que, se medirmos a passagem do planeta Vênus diante do Sol desde pontos selecionados da Terra, poderemos usar os princípios da triangulação para calcular a distância da Terra ao Sol. A partir daí, poderemos medir a distância entre nós e todos os outros corpos do sistema solar.

Ao redor do globo

Assim, no trânsito seguinte, em 1761, quase duas décadas depois da morte de Halley, o mundo científico estava mais preparado que nunca para um evento astronômico. Com uma disposição para dificuldades e sofrimentos que era típica da época, cientistas partiram para mais de cem locais ao redor do globo — Sibéria, China, África do Sul, Indonésia, as matas de Wisconsin, nos Estados Unidos, e muitos outros. A França enviou 32 observadores; a Inglaterra, dezoito; Suécia, Rússia, Itália, Alemanha, Irlanda e outros países despacharam mais alguns.

Os trânsitos de Vênus ocorrem em pares com oito anos de intervalo e só se repetem depois de um século ou mais.

Uma busca malfadada

Essa foi a primeira empreitada científica internacional da história e em quase todos os lugares enfrentou problemas. Muitos observadores foram impedidos de prosseguir por guerras, doenças ou naufrágios. Outros chegaram a seu destino, mas com seus equipamentos danificados pelo calor tropical. O francês Jean Chappe passou meses viajando para a Sibéria de carruagem, barco e trenó, mantendo seus instrumentos delicados a salvo de impactos; e não pôde percorrer o trecho final, bloqueado por rios transbordantes — resultado de chuvas de primavera anormalmente fortes, que a população local atribuiu a ele, depois de vê-lo apontar estranhos objetos para o céu.

Duas vezes sem sorte

Mais azarado ainda foi Guillaume Le Gentil, que partiu da França com um ano de antecedência para observar o trânsito desde a Índia. Em função de vários empecilhos, no dia do trânsito ele ainda estava no mar — o pior lugar para estar, pois era impossível fazer medições confiáveis num navio balançando. Mas o destemido Le Gentil não desanimou: seguiu viagem para esperar, na Índia, o trânsito de 1769. Com oito anos para se preparar, ergueu uma boa estação de observação, testou e retestou seus instrumentos e manteve tudo em perfeita prontidão. O dia do segundo trânsito, 4 de junho de 1769, começou claro; mas, assim que Vênus iniciou sua passagem, uma nuvem encobriu o Sol e lá permaneceu por três horas, catorze minutos e sete segundos — praticamente o tempo do trânsito.

Joseph Lalande

A observação do trânsito de Vênus em 1761 pode ter sido um desastre, mas, quando as expedições de 1769 retornaram, havia informação bastante para que o astrônomo francês Joseph Lalande calculasse a distância média da Terra ao Sol em pouco mais de 149,59 milhões de quilômetros. Outros dois trânsitos, no século XIX, permitiram que se fixasse essa distância em 149,46 milhões de quilômetros. Sabemos agora que a distância exata é de 149,57 milhões de quilômetros.

No fim, o bem-sucedido registro de um trânsito de Vênus coube ao inglês James Cook, um obscuro capitão de navio, que assistiu ao trânsito de 1769 a partir de um observatório na ilha de Taiti. (Depois disso foi mapear a Austrália e reivindicá-la para a coroa britânica.)

As diligentes medições efetuadas por esses cientistas definiram a posição da Terra no espaço.

Pesando a Terra

De acordo com Newton, se você pendurar um fio de prumo perto de uma montanha, ele se inclinará ligeiramente, atraído pelas massas gravitacionais da montanha e da Terra. Se você medir a atração e calcular o peso da montanha — ou, melhor dizendo, sua massa —, poderá calcular o valor básico da gravidade — e, com isso, o peso ou massa da Terra.

A montanha de Maskelyne

Nevil Maskelyne, astrônomo real inglês, foi um dos muitos que aceitaram o desafio de Newton para determinar o peso da Terra. Ele sabia que, para levar a cabo suas experiências, precisava encontrar uma montanha de formato regular e quase simétrico. A Royal Society concordou em contratar uma pessoa de confiança para percorrer as ilhas britânicas à procura de tal montanha. E escolheu o astrônomo e agrimensor Charles Mason, que encontrou na Escócia uma montanha adequada ao experimento da deflexão gravitacional: a Schiehallion.

Mason e Dixon

Os cientistas Charles Mason e Jeremiah Dixon embarcaram com destino a Sumatra para registrar o trânsito de Vênus. Como muitos nesse malfadado empreendimento, nem sequer chegaram lá! Um ano depois, partiram para a perigosa América a fim de resolver uma disputa de limites entre Pensilvânia e Maryland. O resultado foi a famosa linha Mason-Dixon, que depois se tornou a fronteira entre os estados escravocratas e os abolicionistas.

De volta a Maskelyne

Como Mason se declarou ocupado demais para fazer a medição, o trabalho coube a Maskelyne. Assim, durante quatro meses, no verão de 1774, o astrônomo real morou numa barraca, num remoto vale escocês, dirigindo um grupo de agrimensores que fizeram centenas de medições em todas as posições possíveis.

Achar a massa da montanha a partir de todos esses números requeria uma infinidade de cálculos tediosos, e para isso foi contratado o matemático Charles Hutton. Os agrimensores haviam coberto um mapa com uma porção de números que indicavam a altura de determinado ponto da montanha ou de seu entorno. Parecia uma salada de números.

Charles Hutton

Hutton constatou que, traçando uma linha entre os pontos da mesma altura, tornava o conjunto muito mais organizado, o que permitia uma percepção imediata da forma geral e do declive da montanha. Ele inventou as curvas de nível e, a partir de suas medições, calculou a massa da Terra em 4,536 trilhões de toneladas métricas.

A partir daí calculou as massas de todos os principais corpos do sistema solar, inclusive o Sol. Assim, com esse único experimento aprendemos quanto pesam a Terra, o Sol, a Lua, os outros planetas e suas luas e, de lambuja, ainda ganhamos as curvas de nível — nada mal para o trabalho de um verão.

Medidas peso-pena

Nem todo mundo ficou satisfeito com a experiência de Schiehallion. Parecia impossível chegar a um número realmente preciso sem conhecer a verdadeira densidade da montanha.

John Michell

Uma pessoa improvável para a empreitada, mas que se interessou pelo assunto, foi um pároco de aldeia chamado John Michell. Apesar de sua situação humilde, ele foi um dos grandes pensadores científicos do século XVIII. Descobriu a natureza ondulante dos tremores de terra, fabricou telescópios e — fato extraordinário — calculou a existência de buracos negros duzentos anos antes de qualquer outro cientista (algo que nem mesmo Newton havia feito). No entanto, nenhuma de suas realizações foi mais engenhosa ou causou maior impacto que a máquina que ele projetou e construiu para medir o peso da Terra.

A ideia por trás da máquina era avaliar o papel da gravidade no modo como um objeto bate numa superfície plana e salta. Disso resultaria a primeira medição da grandeza misteriosa conhecida como constante gravitacional, através da qual se poderia calcular a massa da Terra.

O equipamento montado por Michell parecia uma versão setecentista do tipo de aparelho usado atualmente nas academias para fazer musculação. Constituído de pesos, barras, contrapesos, pêndulos e fios de torção, tinha no centro duas bolas de chumbo de 160 quilos.

Henry Cavendish

Infelizmente, John Michell morreu antes de poder conduzir as experiências que pesariam a Terra com precisão. E deixou a ideia e o equipamento para um londrino brilhante, mas incrivelmente tímido, chamado Henry Cavendish. Membro de uma família privilegiada — seus avós eram os duques de Devonshire e Kent —, Cavendish foi o cientista inglês mais talentoso de sua época e também o mais estranho. Era tão tímido que abominava visitas e obrigava sua empregada a se comunicar com ele por carta.

Medidas delicadas

No fim do verão de 1797, Cavendish se dedicou aos equipamentos que John Michell lhe deixara. Agora ele estava tentando medir a gravidade num nível de peso-pena. Delicadeza era a palavra-chave. Como não podia haver nem sequer um sussurro no local que continha o aparato de Michell, Cavendish se instalou num cômodo vizinho e fez suas observações com um telescópio apontado para um buraco na parede. Foi um trabalho dificílimo, envolvendo dezessete medições delicadas e inter-relacionadas, que se estenderam por quase um ano. Quando por fim concluiu os cálculos, Cavendish anunciou o peso da Terra: pouco mais de 6 bilhões de trilhões de toneladas métricas. Com isso, apenas confirmou estimativas que Newton havia feito 110 anos antes sem realizar nem uma experiência sequer.

A melhor estimativa

Hoje em dia, os cientistas têm à disposição máquinas tão precisas que conseguem detectar o peso de uma única bactéria, e tão sensíveis que podem ser afetadas por um bocejo que ocorra a vinte metros de distância. Mas isso não levou a nenhuma melhoria significativa nas medições de Cavendish, feitas em 1797.

Leve gravidade

Como a gravidade mantém os planetas em órbita e faz objetos em queda atingirem o chão com estrondo, tendemos a imaginá-la como uma força poderosa. Mas ela só é poderosa numa espécie de sentido coletivo, quando um objeto maciço, como o Sol, exerce atração sobre outro objeto maciço, como a Terra. Em si mesma, a gravidade é extremamente fraca. Toda vez que pegamos um livro na mesa ou uma moeda no chão, superamos a força da gravidade de um planeta inteiro, sem esforço.

A melhor estimativa atual sobre o peso da Terra é de 5,9725 bilhões de trilhões de toneladas — apenas 1% de diferença em relação à cifra de Cavendish.

Estamos no seguinte pé

O que sabemos até agora:
- como foi o *big bang*;
- como é o sistema solar;
- como as supernovas se formam e explodem;
- o que é a gravidade;
- como usar a triangulação para medir distâncias e ângulos;
- que Plutão tem lua;
- o que é radiação cósmica;
- ... e muito mais.

Temos um universo, um planeta e a confirmação de um monte de estimativas sobre o tamanho, o formato, o peso da Terra e a distância que nos separa de nossos vizinhos no sistema solar. Em suma, já aprendemos muita coisa.

Qual é a circunferência da Terra?

1637 Richard Norwood usa um método de medição que envolve triângulos, chamado triangulação, e chega a um resultado bem próximo — mas não exato.

1684 Edmond Halley investiga o movimento dos planetas e tem o bom-senso de pedir ajuda ao brilhante Isaac Newton.

1687 Isaac Newton destrincha a gravidade e formula as três leis do movimento em sua famosa obra *Principia*, publicada graças ao empenho de Halley.

1735 Pierre Bouguer e Charles Marie de La Condamine sobem e descem os Andes para tentar medir o comprimento de um grau de meridiano (antes de calcular a circunferência da Terra).

1736 Uma segunda equipe francesa confirma o abaulamento da Terra no equador.

Qual é a distância entre a Terra e o Sol?

1761 Seguindo o conselho de Edmond Halley (falecido havia muito tempo), cientistas de todo o mundo viajam para locais distantes a fim de observar o trânsito de Vênus e tentar usá-lo para calcular a distância entre a Terra e o Sol.

Qual é o peso da Terra?

1774 Nevil Maskelyne resolve seguir as instruções de Newton para medir o peso da Terra envolvendo a gravidade — e com mais triangulação, e com mais escalada de montanha. Maskelyne escala a Schiehallion, na Escócia, com o matemático Charles Hutton. Hutton inventa as curvas de nível, enquanto faz os cálculos, e informa que a Terra pesa quase 5 trilhões de toneladas métricas.

1793 John Michell deixa o projeto de uma máquina que medirá com precisão o peso da Terra.

1797 Henry Cavendish usa a máquina de Michell para pesar a Terra: 6 bilhões de trilhões de toneladas métricas. Uma diferença de apenas 1% — nada mau!

Agora vamos descobrir do que é feita nossa Terra e há quanto tempo ela existe.

Calculando a idade da Terra

No final do século XVIII, os cientistas tinham dados precisos sobre a forma, as dimensões, o peso da Terra e a distância entre ela, o Sol e os outros planetas. "Então, era fácil calcular a idade da Terra", você deve estar pensando. Que nada! Fissionamos o átomo e inventamos a televisão, o náilon e o café solúvel antes de descobrir a idade de nosso planeta.

A água é poderosamente erosiva: consegue escavar rochas e carregá-las.

Conchas alpinistas

Entre as perguntas que despertavam interesse havia uma que durante muito tempo intrigou as pessoas: por que antigas conchas de moluscos e outros fósseis marinhos foram encontrados no alto das montanhas? **Como foi que eles chegaram lá?**

Coube a James Hutton, brilhante cientista escocês, sugerir uma resposta. Observando sua fazenda, ele percebeu que o solo havia sido criado pela erosão de rochas. Partículas desse solo eram constantemente carregadas pela água e depositadas em outros lugares. Hutton entendeu que, se esse processo fosse levado a sua conclusão natural, a Terra acabaria se tornando plana. No entanto, tudo que ele via a seu redor eram colinas.

Devia haver mais alguma coisa criando novas colinas e montanhas e mantendo o ciclo em funcionamento. Hutton concluiu que os fósseis marinhos encontrados nos cumes não foram depositados lá por inundações, mas subiram com as montanhas.

Netuno *versus* Plutão

Um grupo de cientistas, chamados netunistas, estava convencido de que as subidas e descidas do nível do mar podiam explicar tudo na Terra, inclusive as conchas marinhas encontradas em lugares incrivelmente altos. Eles acreditavam que a montanhas, as colinas e outros acidentes geográficos eram tão antigos quanto a Terra e só se modificavam sob a ação da água, por ocasião de inundações globais.

A esses cientistas se opunham os plutonistas. Eles diziam que os vulcões e os terremotos viviam mudando a face do planeta e que isso não tinha nada a ver com mares superativos. Eles também faziam perguntas incômodas. Por exemplo: para onde iria tanta água, quando não havia inundação? Se de vez em quando havia tanta água que conseguia cobrir os Alpes, para onde ela ia, no resto do tempo? Os plutonistas acreditavam, com razão, que a Terra está sujeita à ação de enormes forças internas e superficiais. Mas não conseguiram explicar como todas aquelas conchas foram parar no alto da montanha.

Uma Terra palpitante

Hutton também concluiu que o calor no interior da Terra cria novas rochas e continentes e ergue cordilheiras. (Os geólogos só entenderam todas as implicações dessas ideias duzentos anos depois, quando finalmente adotaram o conceito da tectônica das placas.) Acima de tudo, o que as teorias de Hutton apontam é que os processos que moldaram a Terra se estenderam por longos períodos. **A Terra é muito mais velha do que um dia se imaginou.**

Uma nova ciência

Mais cem anos se passariam até a ciência finalmente abordar a questão da idade da Terra. Hutton foi brilhante, porém não conseguiu apresentar suas ideias de modo compreensível a todos. Coube aos que entenderam seus escritos expor o gênio por trás da obra e abrir caminho para o nascimento de uma nova ciência — a geologia.

A geologia — o estudo das rochas, do solo, de todos os materiais que compõem nosso planeta e da maneira como se formaram e se alteraram — mudaria toda a nossa visão da Terra.

Os quebradores de pedras

No inverno de 1807, homens de gostos semelhantes se reuniram na taberna Freemasons, no bairro londrino de Covent Garden, para fundar um clube que, com certa pompa, chamaram de Geological Society.

O que eles queriam era se reunir uma vez por mês para jantar e trocar ideias sobre geologia. Fixaram o preço da refeição na polpuda soma de quinze xelins. Não tinham nenhum interesse financeiro em rochas e minerais; em sua maioria, nem mesmo eram acadêmicos. Eram apenas homens de boa posição social que dispunham de dinheiro e tempo suficientes para cultivar um hobby num nível mais ou menos profissional. Levavam a sério esse hobby e se vestiam com a austeridade condizente: de terno e cartola. Ao cabo de uma década, a Geological Society já contava com quatrocentos membros e despontava como a principal sociedade científica do país. Em 1830, tinha 745 integrantes, e o mundo nunca mais veria nada parecido.

Em junho não havia jantares, pois quase todos os sócios dedicavam o verão a trabalhos de campo. No mundo pensante da época, mas principalmente na Inglaterra, homens cultos se aventuravam pelo interior para "quebrar umas pedrinhas", como diziam.

Charles Lyell

Reverendo William Buckland

Charles Lyell se tornaria o mais famoso do grupo. Seu pai, uma autoridade em musgos, incutiu-lhe o interesse por história natural. Mais tarde, fascinado com William Buckland, Lyell acompanhou o novo colega numa viagem científica à Escócia e dedicou-se inteiramente à geologia.

O **reverendo William Buckland**, de Oxford, é carinhosamente lembrado por suas esquisitices. Tinha vários animais selvagens, alguns até grandes e perigosos, que deixava passear livremente pela casa e pelo jardim. Também se empenhava em comer todo bicho existente na criação. Dependendo da veneta e da disponibilidade, servia aos convidados porquinho-da-índia assado, bolinho de camundongo, porco-espinho no espeto ou cozido de lesmas-do-mar do sudeste asiático. Buckland se tornou a maior autoridade em coprólitos — excrementos fossilizados — e tinha uma mesa feita inteiramente desse material.

Dr. James Parkinson

Roderick Murchison

O **dr. James Parkinson** se envolveu numa conspiração maluca, chamada "Conjuração da Arma de Brinquedo". O objetivo era atingir o rei inglês, Jorge III no pescoço com um dardo envenenado. Parkinson foi preso e quase despachado para a Austrália. No entanto, depois que se acalmou, começou a se interessar por geologia e se tornou um dos membros fundadores da Geological Society.

Roderick Murchison passou os primeiros trinta e poucos anos da vida perseguindo raposas e, com seus disparos, transformando aves em nuvens de penas esvoaçantes. Até que, de repente, voltou seu interesse para rochas e, com espantosa rapidez, tornou-se um gigante da geologia.

Devagar e sempre

No início do século XIX, os geólogos se envolveram numa nova e longa discussão sobre a rapidez com que ocorreram os fatos que moldaram a Terra. Essa discussão apenas substituiu o velho debate sobre Netuno e Plutão, mas foi importante porque projetou Lyell como o pai do moderno pensamento geológico.

Os catastrofistas

Como o nome sugere, esse grupo acreditava que a Terra foi moldada por eventos cataclísmicos breves e intensos — principalmente inundações, razão pela qual muitas vezes se confunde catastrofismo com netunismo. Para os catastrofistas, as extinções faziam parte de uma série de acontecimentos dramáticos em que os animais eram repetidamente eliminados e substituídos por outros.

Os uniformitarianistas

Esse grupo, ao contrário, acreditava que as mudanças na Terra foram gradativas e ocorreram durante longos períodos. Hutton foi realmente o pai dessa teoria e um cientista ímpar quando se tratava de entender os misteriosos e lentos processos que moldaram a Terra. Lyell, porém, era mais lido e, certamente, mais fácil de ser compreendido; por isso ficou com toda a glória.

Um homem influente

Lyell lecionava geologia em Londres quando escreveu *Princípios de geologia*. Nessa obra, ele expõe sua convicção de que as mudanças ocorridas na Terra são uniformes e constantes — que tudo que aconteceu no passado poderia ser explicado por fatos que ainda ocorrem hoje. É quase impossível exagerar sua influência. *Princípios de geologia* determinou o pensamento geológico pelo século XX adentro.

Assim como Hutton, Lyell estava preparando o caminho para a descoberta de algo que hoje não nos é estranho: as placas tectônicas. Logo os cientistas entenderiam que a crosta terrestre não é uma camada contínua, mas uma série de "pedaços de camada" — comumente chamados de placas continentais. Todas elas estão se movendo — embora muito, muito lentamente — através do magma líquido do subsolo. E, ao se deslocar, colidem umas com as outras e se comprimem, causando grandes mudanças na paisagem e formando vastas cordilheiras e vales. Essa foi uma descoberta importante, mas não definiu a idade da Terra — que claramente teria de ser bem mais velha do que a maioria das pessoas pensava.

Ninguém é perfeito!

Lyell cometeu vários erros. Não explicou de maneira convincente como se formaram as cadeias montanhosas e não considerou as geleiras um agente de mudança. Recusou a ideia das eras glaciais e estava certo de que os mamíferos eram tão antigos no planeta quanto as plantas ou os peixes.

Lyell rejeitou a ideia de que animais e plantas poderiam desaparecer de repente e acreditava que todas as classes de animais — mamíferos, répteis, peixes etc. — coexistiam desde o início dos tempos. Estava errado, como se provaria.

Os geólogos continuaram classificando rochas e fósseis por período geológico, embora ignorassem a duração de cada período.

Coletores de fósseis

O inglês William Smith era um jovem supervisor da construção do canal de Somerset Coal. Na noite de 5 de janeiro de 1796, ele estava numa hospedaria de beira de estrada quando anotou a ideia que acabaria tornando-o famoso.

Mapeando as rochas

Smith sabia que, para conhecer as rochas, tinha de descobrir se rochas de determinado período encontradas em determinado ponto do país eram mais novas ou mais antigas que rochas de outro período, encontradas em outro ponto.

A cada modificação nos estratos, ou camadas, das rochas, certas espécies de fósseis desapareciam, ao passo que outras continuavam surgindo em níveis mais altos. Smith acreditava que, observando que espécies apareciam em que estratos, poderia calcular a idade relativa das rochas. Utilizando seus conhecimentos de agrimensor, começou a mapear os estratos rochosos da Grã-Bretanha — e esse mapa viria a ser a base da moderna geologia.

Ao mapear a geologia da Inglaterra, do País de Gales e de parte da Escócia, William Smith ajudou os industriais a localizar jazidas de carvão e minérios, para lá estabelecer suas minas e fábricas e levar a Inglaterra a uma posição de liderança na indústria mundial.

A datação das rochas depende dos fósseis.

Fóssil de um réptil do Permiano.

Uma exímia coletora

Em 1812, na cidadezinha de Lyme Regis, uma criança extraordinária, chamada Mary Anning, encontrou um estranho monstro marinho fossilizado. Hoje conhecido como ictiossauro, o fóssil tinha cinco metros de comprimento e estava encravado nos íngremes e perigosos penhascos da costa sul da Inglaterra.

Esse foi o começo de uma carreira notável. Anning passaria os 35 anos seguintes coletando fósseis. Encontraria o primeiro plesiossauro, outro monstro marinho, e um dos primeiros pterodáctilos.

Anning não só tinha talento para localizar fósseis como sabia removê-los com a maior delicadeza e sem danificá-los. O Museu de História Natural de Londres mostra bem a dimensão e a beleza do que essa jovem conseguiu fazer, trabalhando praticamente sozinha e com as ferramentas mais simples. Embora não tivesse grande instrução, Anning conseguiu fornecer aos estudiosos desenhos e descrições competentes.

Este fóssil de amonite tem 150 milhões de anos. Gênero extinto de animais marinhos, os amonites são chamados de índices fósseis, porque geralmente é possível relacionar a camada de rocha em que se encontram com períodos geológicos específicos.

Ossos de dinossauro encravados entre camadas de rocha.

O plesiossauro exigiu de Mary Anning dez anos de paciente escavação.

Datando as rochas

É difícil imaginar, mas a geologia empolgou o século XIX como nenhuma outra ciência, antes ou depois dela. Grande parte desse interesse se deveu a William Smith e Charles Lyell, que adoravam organizar coisas em mapas e gráficos.

Hoje em dia, o tempo geológico se divide em quatro partes, chamadas eras: Pré-cambriana, Paleozoica ("vida antiga", em grego), Mesozoica ("vida média") e Cenozoica ("vida recente"). Essas quatro eras se subdividem em subgrupos, em geral chamados períodos, dos quais conhecemos relativamente bem a maioria: Cretáceo, Jurássico, Triássico, Siluriano e assim por diante. Lyell introduziu o Plistoceno, o Mioceno etc., referentes aos últimos 65 milhões de anos.

As camadas de rocha são datadas segundo o período em que surgiram.

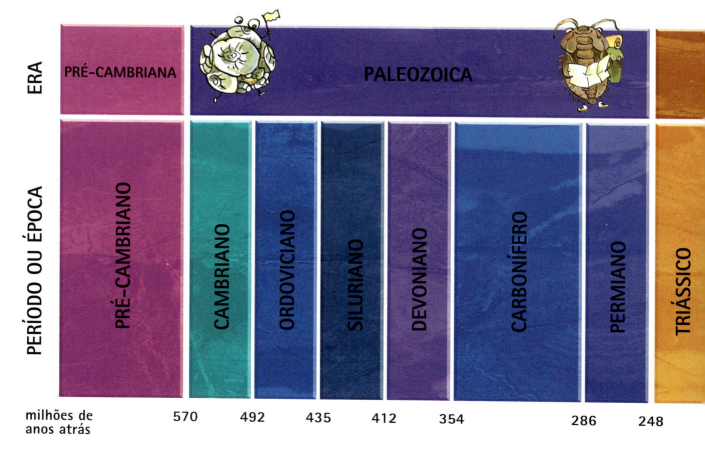

É minha!

A geologia tinha muita classificação para fazer, e nem tudo corria às mil maravilhas. Desde o começo, os geólogos tentaram classificar as rochas de acordo com os períodos em que foram depositadas, mas com frequência discordavam em relação às linhas divisórias.

Um acirrado debate teve início quando o reverendo Adam Sedgwick, geólogo inglês, reclamou para o período Cambriano uma camada de rocha que Roderick Murchison (um dos primeiros membros da Geological Society, se você se lembra) situava no Siluriano. A discussão se estendeu durante anos, tornando-se extremamente acalorada. Terminou em 1879, com uma solução bem simples: a introdução de um novo período, o Ordoviciano, entre o Cambriano e o Siluriano.

Calendário geológico

Aqui você não vai fazer prova nenhuma, mas, se precisar memorizar os termos geológicos para algum exame, este conselho pode lhe ser útil. Pense nas eras (Pré-cambriana, Paleozoica, Mesozoica e Cenozoica) como estações do ano e nos períodos (Permiano, Triássico, Jurássico etc.) como meses.

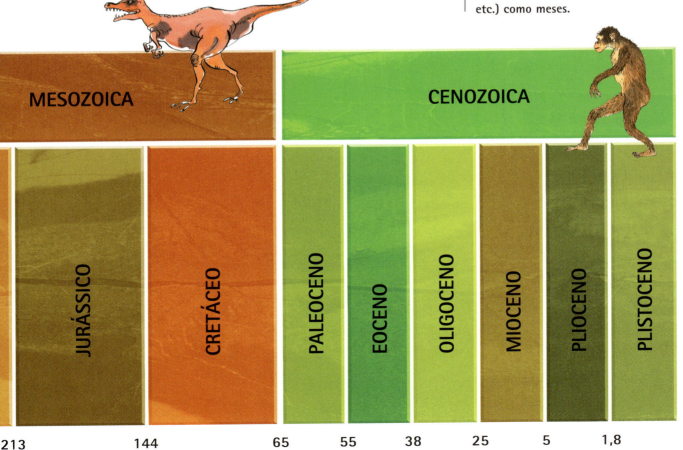

213 144 65 55 38 25 5 1,8

Dente e garra

Agora havia fósseis em abundância para ajudar os datadores de rochas. Já em 1787, uma pessoa de Nova Jersey, nos Estados Unidos, tinha encontrado um fêmur enorme, incrustado na margem de um rio, num lugar chamado Woodbury Creek. Estava claro que o osso não pertencia a nenhuma espécie de criatura ainda viva — pelo menos em Nova Jersey.

Mentira!

Acredita-se hoje que esse osso pertencia a um hadrossauro, um dinossauro grande com bico de pato. Na época, os dinossauros eram desconhecidos. O osso foi enviado ao dr. Caspar Wistar, o maior anatomista do país, que não reconheceu a importância do achado e fez apenas alguns comentários cautelosos sobre o que seria uma deslavada mentira. E perdeu a chance de se tornar o descobridor dos dinossauros com meio século de antecedência. O osso despertou tão pouco interesse que foi deixado num depósito e desapareceu. Assim, o primeiro osso de dinossauro que foi encontrado também foi o primeiro a ser perdido.

Pura provocação

É muito estranho que o osso não tenha despertado maior interesse, pois surgiu numa época em que os americanos vibravam com os restos de animais grandes e antigos. Esse entusiasmo se devia a uma polêmica declaração do conde de Buffon, grande naturalista francês, segundo o qual as criaturas vivas da América eram inferiores, em quase todos os aspectos, às de outros lugares. Na América, escreveu Buffon, só havia água parada, terra estéril e animais pequenos e fracos, resultado dos "vapores nocivos" que se desprendiam de seus pântanos podres e de suas florestas sem sol.

Vamos provar!

Evidentemente, tais comentários não agradaram nem um pouco os americanos. Um grupo de vinte soldados imediatamente seguiu para as matas do norte com a missão de encontrar um alce que seria apresentado a Buffon como prova do tamanho e da majestade dos quadrúpedes do Novo Mundo. Os homens demoraram duas semanas para localizar o animal adequado. Como o alce escolhido infelizmente não tinha chifres imponentes, essenciais para convencer Buffon, os soldados providenciaram uma galhada de cervo para substituir os cornos originais. Afinal, como os franceses iriam saber?

Descoberta em Big Bone Lick

Enquanto isso, na Filadélfia, os naturalistas começavam a montar os ossos de uma criatura gigantesca, parecida com um elefante e mais tarde identificada — não muito corretamente — como mamute. O primeiro desses ossos fora descoberto num lugar chamado Big Bone Lick, em Kentucky, mas logo outros começaram a aparecer em todo o país. Ansiosos para demonstrar o tamanho e a ferocidade do animal desconhecido, os naturalistas exageraram: fizeram-no seis vezes maior e lhe deram garras assustadoras, que, na verdade, pertenciam a um megalônix, ou preguiça terrícola gigante.

Dentes em forma de mamilo

Em 1795, um conjunto desses ossos seguiu para Paris, onde foi examinado por uma estrela ascendente da paleontologia, ou estudo dos fósseis. O jovem Georges Cuvier já vinha deslumbrando as pessoas com seu talento para dar a pilhas de ossos desconexos formas de animais apresentáveis. Como na América ninguém redigira uma descrição formal do novo bicho pesadão, Cuvier o fez e, assim, tornou-se o descobridor oficial do mastodonte, que significa "dentes em forma de mamilo".

Ossos e mais ossos

Enquanto William Smith se ocupava de fósseis na Inglaterra, ossos apareciam em toda parte. Os americanos tiveram várias oportunidades de reivindicar a descoberta dos dinossauros e as desperdiçaram. Por exemplo, em 1806, uma expedição que cruzou o país de leste a oeste, liderada por Meriwether Lewis e William Clark, passou pela Hell Creek Formation, em Montana, onde mais tarde caçadores de fósseis literalmente tropeçariam em ossos de dinossauro. Os dois até examinaram o que era claramente um osso de dinossauro encravado na rocha, mas não souberam o que fazer com ele.

Outros ossos e rastros fossilizados foram encontrados num vale da Nova Inglaterra depois que um camponês chamado Plinus Moody avistou pegadas antigas numa rocha. Alguns desses ossos sobreviveram, em especial os de um anquissauro, pequeno dinossauro parecido com lagarto. Encontrados em 1818, foram os primeiros ossos de dinossauro examinados e salvos na América.

Inventando animais

Geralmente se recorria à inventividade para colocar no animal as presas que eram encontradas. Um restaurador parafusou-as de cabeça para baixo, como se o bicho em questão fosse um tigre-dentes-de-sabre. Outro as colocou curvadas para trás, alegando uma divertida teoria de que a criatura tinha sido aquática e utilizara as presas para se fixar nas árvores, quando cochilava.

Criaturas extintas de todo tipo empolgaram a década de 1880.

Caçadores de dinossauros

Essa foto de 1927 mostra um dinossauro do Crystal Palace Park tomando seu banho anual.

O Crystal Palace Park, um jardim no sul de Londres, abriga um grupo estranho e esquecido: as primeiras figuras de dinossauro em tamanho natural feitas no mundo. Quando foram colocadas ali, em 1851, mal se começara a estudar os dinossauros, e ainda havia muito que fazer para que hoje soubéssemos tanto sobre essas criaturas pré-históricas.

O primeiro iguanodonte

Gideon Algernon Mantell era médico e morava em Sussex, Inglaterra. Ao ver uma estranha pedra que sua esposa encontrara, ele imediatamente a identificou como um dente fossilizado; após um rápido exame, concluiu que se tratava do dente de um enorme réptil herbívoro do Cretáceo. Ele estava certo. Essa criatura era o iguanodonte, assim chamado por causa do lagarto tropical — com o qual não tem relação nenhuma. Mantell continuou caçando fósseis — encontrou outro gigante, o hylaeosaurus — e acabou por criar o que é, provavelmente, a maior coleção de fósseis da Inglaterra.

As figuras do Crystal Palace Park, que no passado foi uma das atrações mais populares de Londres, não primam pela exatidão. Entre elas há, por exemplo, um iguanodonte que tem o polegar no focinho, como se fosse um ferrão, e se planta em quatro patas robustas (não em duas, como deveria ser), parecendo mais um cachorro corpulento e esquisito.

Lagarto terrível

Richard Owen é lembrado como o homem que, em 1841, criou o termo "dinosauria". Esse termo significa "lagartos terríveis" e é totalmente inadequado. Como sabemos, os dinossauros não eram todos terríveis — e com certeza não eram lagartos. Owen sabia que eles eram répteis, mas, por alguma razão, resolveu não usar o nome grego correto.

58

Rixa ferrenha

Edward Cope e Othniel Charles Marsh eram caçadores de fósseis e mudaram o mundo da paleontologia. No começo, eram tão amigos que um batizava fósseis com o nome do outro, mas no fim se tornaram inimigos rancorosos. Os dois fizeram o número das espécies de dinossauro conhecidas na América passar de nove para quase 150. Praticamente todo dinossauro que conhecemos — estegossauro, brontossauro, diplódoco, tricerátops — foi encontrado por um deles.

Esta réplica de megalossauro se encontra no Crystal Palace Park.

Era dos ossos

Palpites malucos!

Em 1650, James Ussher, arcebispo da Igreja da Irlanda, fez um minucioso estudo da Bíblia e concluiu que a Terra foi criada ao meio-dia de 23 de outubro de 4004 a.C.

Quando William Buckland tentou datar um esqueleto de ictiossauro, só conseguiu afirmar que esse animal vivera em algum momento entre "10 mil e mais de 10 mil vezes 10 mil anos atrás".

O escocês William Thomson, lorde Kelvin, declarou inicialmente que a Terra tinha 98 milhões de anos. Depois, alterou sua estimativa para "algo entre 20 milhões e 400 milhões de anos" e acabou baixando-a sucessivamente para cem, cinquenta e, por fim, 24 milhões de anos.

Hoje em dia dispomos de técnicas de datação sofisticadas. Mas durante a maior parte do século XIX os geólogos só podiam contar com a intuição — e a esperança.

Conjeturas

Em meados do século XIX, a maioria das pessoas instruídas achava que a Terra devia ter alguns milhões de anos — talvez algumas dezenas de milhões, talvez mais. No entanto, a confusão era tão grande que, no final do século, dependendo do texto que consultássemos, encontraríamos a informação de que entre nós e o primeiro fóssil do Cambriano transcorreram 3 milhões, 18 milhões, 600 milhões, 794 milhões, 2,4 bilhões de anos — ou qualquer coisa dessa ordem.

Uma idade precisa

Em 1859, o biólogo inglês Charles Darwin calculou que os processos geológicos que haviam criado uma área do sul da Inglaterra demoraram 306 662 400 anos. Era um cálculo bem específico, mas pouquíssima gente lhe deu crédito, pois contrariava os ensinamentos religiosos da época.

Mina de ossos

Em 1898, encontrou-se num lugar chamado Bone Cabin Quarry, em Wyoming, Estados Unidos, uma quantidade de ossos muito maior que a soma de todos que haviam sido descobertos até então. Centenas e centenas de ossos fósseis lá estavam, expostos às intempéries.

Eram tão numerosos que alguém construiu uma cabana com eles — daí o nome do lugar: "jazida da cabana de ossos". Ali foram escavadas 45 toneladas de ossos antigos só nas duas primeiras temporadas de coleta, e mais algumas dezenas nos doze anos seguintes.

Escavações em Bone Cabin Quarry.

Montanhas de ossos

O resultado foi que os paleontólogos se viram diante de verdadeiras montanhas de ossos antigos para examinar. O problema é que eles ainda não tinham a menor ideia da idade desses ossos. Pior: as idades atribuídas à Terra não podiam comportar o número de épocas que o passado obviamente continha.

> Era evidente que os geólogos precisavam de ajuda para calcular com precisão a idade da Terra. E a receberiam de uma nova ciência — a química estava prestes a entrar em cena.

O poderoso átomo

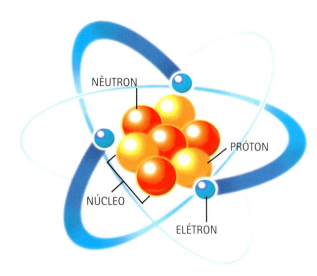

A base da química é o átomo, a matéria da qual tudo é feito. Os átomos estão em toda parte e compõem todas as coisas. Coube ao grande Einstein provar, definitivamente, a existência do átomo, mas a ideia e o termo em si já não eram novidade. Ambos haviam sido propostos pelos antigos gregos e investigados por muitos cientistas do passado.

O átomo

Todo átomo se compõe de três tipos de partícula:
- os prótons, com carga elétrica positiva;
- os elétrons, com carga elétrica negativa;
- e os nêutrons, sem carga elétrica.

Os prótons e os nêutrons ficam no centro, ou núcleo, do átomo; os elétrons giram em torno do núcleo.

Qual será o bilhão de átomos de Shakespeare que você tem?

Números incríveis

Os átomos estão presentes no mundo em números que você nem consegue imaginar. No nível do mar, a 0°C, um centímetro cúbico de ar — um cubinho de açúcar — contém 27 milhões de bilhões de moléculas. (Molécula é um conjunto de átomos.) Já pensou quantos centímetros cúbicos são necessários para formar um universo?

Um pouco de Shakespeare em cada um de nós

Os átomos não só têm uma vida muito longa como circulam um bocado. Cada átomo de seu corpo provavelmente já passou por várias estrelas e fez parte de milhões de organismos antes de vir a ser você. Todos nós contemos tantos átomos e nos reciclamos tão completamente depois de mortos que um número significativo de nossos átomos — até 1 bilhão em cada um de nós — pode ter pertencido a Shakespeare. Outro bilhão talvez tenha sido de Buda, Gengis Khan, Beethoven ou qualquer outra figura histórica que lhe ocorra.

Quando morremos, nossos átomos se dispersam e vão procurar novos usos — como parte de uma folha, de uma gota de orvalho, de outro ser humano. Ninguém sabe ao certo quanto tempo um átomo pode sobreviver, mas estima-se que pelo menos alguns bilhões de anos.

Pesando o átomo

Um inglês chamado John Dalton foi o primeiro a entender que os átomos são pequenos, numerosos e praticamente indestrutíveis, e que todas as coisas são feitas de átomos. Dalton nasceu em 1766. Era tão inteligente que aos doze anos já dirigia a escola dos quacres, em sua cidade. (Seus diários nos informam que, mais ou menos nessa época, ele estava lendo *Principia*, de Newton — em latim.) Aos vinte e poucos anos, Dalton foi um dos primeiros cientistas a afirmar que toda matéria se compõe de partículas minúsculas — ou átomos. Mas sua principal contribuição se refere ao tamanho relativo e à natureza dos átomos e ao modo como eles se entrosam.

A escala da leveza

Sabendo, por exemplo, que o hidrogênio é o elemento mais leve, Dalton lhe deu um "peso atômico" 1. Como acreditava que a água se compõe de sete partes de oxigênio e uma de hidrogênio, deu ao oxigênio o peso atômico 7. Assim, conseguiu chegar aos pesos relativos dos elementos conhecidos. Nem sempre foi exatíssimo — o oxigênio tem peso atômico 16, não 7 —, mas o princípio era correto e formou a base da química moderna e de grande parte da ciência moderna em geral.

O tamanho do átomo

É impossível imaginar um átomo, mas não custa tentar.

1. Comece com um milímetro, que é uma linha deste tamanho: -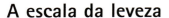
2. Agora imagine essa linha dividida em mil partes iguais (cada parte um mícron).
3. Divida cada mícron em 10 mil partes menores.
4. Você encontrou o tamanho do átomo: um décimo milionésimo de milímetro.

Plutônio
peso atômico
244

Ferro
peso atômico
56

Hidrogênio
peso atômico
1

Os átomos são minúsculos. Meio milhão de átomos alinhados lado a lado poderiam se esconder atrás de um fio de cabelo.

Questão de química

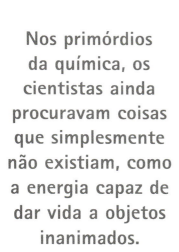

Até o final do século XVIII a química praticamente não existia como ciência. Não ia muito além de experiências com misturas que pudessem converter o comum em quase mágico.

Os alquimistas

Naquela época, os químicos eram basicamente alquimistas — cientistas que se acreditavam capazes de transformar metais comuns em ouro ou prata. O alemão Johann Becher foi ainda mais longe. Estava certo de que, com os materiais adequados, poderia se tornar invisível. Mais estranho ainda foi outro alemão, Hennig Brand, que coletou cinquenta baldes de urina humana e os deixou no porão durante meses. Através de vários processos, converteu a urina primeiramente numa pasta fétida e, depois, numa substância cerácea. Não obteve ouro, é claro, mas uma coisa estranha e interessante aconteceu. Depois de algum tempo, a substância começou a brilhar. Além disso, quando exposta ao ar, muitas vezes se incendiava espontaneamente. Brand havia descoberto o fósforo.

Química poderosa

Na década de 1750, o químico sueco Karl Scheele descobriu oito elementos, ou substâncias formadas por um único tipo de átomo. Entre eles estavam o cloro, o manganês, o nitrogênio e o oxigênio. Scheele também foi o primeiro a perceber que o cloro podia ser usado como alvejante. Infelizmente, ele tinha o péssimo costume de provar os venenos com os quais trabalhava e acabou morrendo por isso.

No começo do século XIX, era moda na Inglaterra inalar óxido nitroso, ou gás hilariante, mas só em meados do século alguém teve a ideia de usar essa substância como anestésico. Até então, sabe-se lá quantas dezenas de milhares de pessoas agonizaram nas mãos dos cirurgiões.

Nos primórdios da química, os cientistas ainda procuravam coisas que simplesmente não existiam, como a energia capaz de dar vida a objetos inanimados.

Boa cabeça

Estava claro que a química ainda tinha muito chão pela frente, até encontrar alguém com talento bastante para introduzi-la na era moderna. O nobre francês Antoine-Laurent Lavoisier trabalhava para uma instituição muito impopular que coletava impostos em nome do governo. Essa instituição não taxava os ricos, só os pobres, mas forneceu a Lavoisier o dinheiro necessário para se dedicar a seu maior interesse: a ciência. (No auge, sua renda pessoal chegou a cerca de 20 milhões de dólares em valores atuais.)
Lavoisier não descobriu nenhum elemento, mas soube aprofundar as descobertas alheias. Identificou o oxigênio e o hidrogênio e lhes deu seus nomes modernos. Também constatou uma coisa importante: um objeto enferrujado não perde peso, como se pensava até então, mas ganha — uma constatação extraordinária. O objeto enferrujado atrai partículas elementares do ar. Foi a primeira percepção de que a matéria pode se transformar, passando de um tipo a outro. Só não pode desaparecer.

Se você queimasse este livro, ele se transformaria em cinza e fumaça, mas a quantidade total de "matéria" no universo continuaria sendo a mesma.

A vingança do rival

Infelizmente, Lavoisier fez alguns comentários desdenhosos sobre as teorias de um jovem cientista esperançoso chamado Jean-Paul Marat. As teorias realmente eram equivocadas, porém Marat nunca o perdoou. Em 1793, quando se tornou uma figura importante da Revolução Francesa, Marat teve grande prazer em mandar Lavoisier para a temida guilhotina.

Líquidos eletrizantes

Na Inglaterra, o jovem e brilhante Humphry Davy começava a descobrir novos elementos sem parar — potássio, sódio, magnésio, cálcio, estrôncio, alumínio. Ele fazia tantas descobertas não só porque era incrivelmente inteligente, mas porque concebeu um modo engenhoso de aplicar eletricidade a uma substância líquida — a eletrólise, como se chama hoje. Ao todo, Davy descobriu uma dúzia de elementos, um quinto do total conhecido na época.

Agora a química era uma ciência séria e não sabia o que fazer com todos os elementos que conhecia. Para organizá-los entraria em cena uma nova figura.

A tabela periódica

Apesar das eventuais arrumações, a química ainda era meio caótica. Trabalhando isoladamente, os primeiros químicos não tinham um vocabulário comum a todos. Até meados do século XIX, a fórmula H_2O_2, por exemplo, podia significar água para um químico e peróxido de hidrogênio para outro. Praticamente não havia um elemento representado da mesma forma em toda parte.

Os químicos usavam uma variedade louca de símbolos e abreviações que inventavam à medida que iam trabalhando.

Mamãe Mendeleev e Dmitri

Assim, todo mundo ficou contente quando, em 1869, um sujeito esquisito, com cara de doido, que lecionava na universidade de São Petersburgo, na Rússia, pôs ordem na casa. Ele se chamava Dmitri Ivanovich Mendeleev, nascera no extremo oeste da Sibéria e era o caçula de uma família numerosa. Nem sempre essa família teve sorte. Quando Dmitri era pequeno, o pai dele, diretor de uma escola local, ficou cego, e sua mãe precisou trabalhar. Ela era uma mulher extraordinária e acabou se tornando gerente de uma bem-sucedida vidraria. Tudo correu bem até 1848, quando a fábrica pegou fogo, e a família ficou na miséria. Decidida a prover educação para seu caçula, a destemida sra. Mendeleev viajou de carona 6400 quilômetros até São Petersburgo e lá o deixou numa escola.

A base da ordem

Na época, os elementos eram comumente agrupados de duas maneiras: ou pelo peso atômico — o número de prótons e nêutrons existentes no núcleo de cada átomo — ou por suas propriedades comuns — se eram metais ou gases, por exemplo. Mendeleev percebeu que podia juntar as duas maneiras numa só tabela. Como as propriedades periodicamente se repetem, o sistema passou a se chamar **tabela periódica**.

Mendeleev ordenou os elementos em grupos de sete. Dizem que se inspirou no jogo de cartas conhecido como paciência, no qual o jogador solitário arruma as cartas por naipe, no sentido horizontal, e por número, no sentido vertical.

Elementar!

Ainda havia muita coisa para se conhecer ou entender. O hidrogênio é o elemento mais comum no universo, e, contudo, pouco se saberia sobre ele nos trinta anos seguintes. O hélio, o segundo elemento mais abundante, só foi descoberto na Terra em 1895. Na verdade, cerca de sessenta elementos ainda estavam por descobrir, e mesmo hoje talvez haja outros esperando para ser encontrados.

Entretanto, graças à invenção de Mendeleev, agora a química tinha uma base firme. Não é exagero dizer que a tabela periódica proporcionou aos químicos uma imediata sensação de ordem.

A tabela periódica de elementos

Os elementos são dispostos em linhas horizontais, chamadas períodos, e em colunas verticais, chamadas grupos. Assim, o quadro mostra de imediato uma série de relações quando lido de cima para baixo e outra série quando lido de um lado a outro. Os elementos são conhecidos por uma ou duas letras. "As" é o símbolo do arsênio, elemento venenoso.

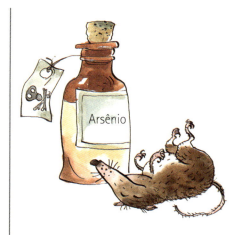

Hoje temos 117 elementos conhecidos — 94 existentes na natureza e 23 criados em laboratório.

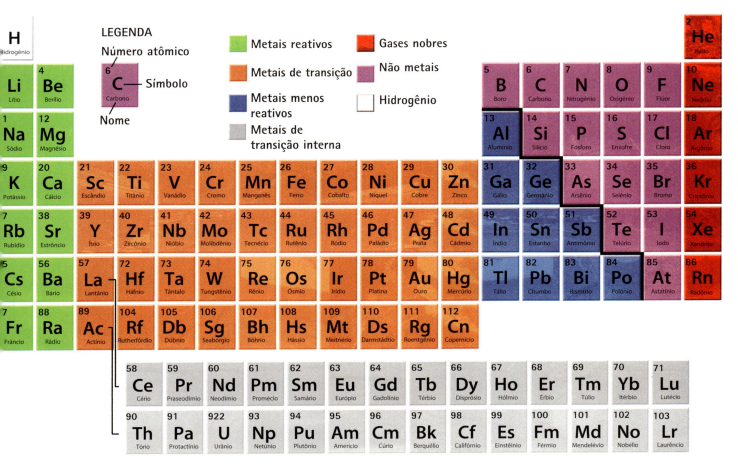

Elementos radiantes

Em 1896, Henri Becquerel colocou um pacote de sais de urânio sobre uma chapa fotográfica que estava embrulhada e guardada na gaveta, em Paris. Tempos depois, quando desembrulhou a chapa, surpreendeu-se ao constatar que ela apresentava uma impressão deixada pelos sais, como se tivesse sido exposta à luz. Os sais estavam emitindo radiações.

O casal Curie descobriu dois elementos novos: o polônio, assim chamado em homenagem à terra natal de Marie, e o rádio.

A radioatividade é tão nociva e duradoura que até hoje é perigoso tocar nos papéis de Marie Curie. Os livros de seu laboratório estão em caixas forradas de chumbo e só se podem manuseá-los com roupa de proteção.

O calor das pedras

Considerando-se a importância dessa constatação, Becquerel fez uma coisa muito esquisita: confiou o assunto a uma jovem estudante, chamada Marie Curie. Trabalhando com o marido, Pierre, Marie Curie descobriu que certos tipos de rocha emitem quantidades constantes e extraordinárias de energia, porém não diminuem de tamanho nem sofrem qualquer alteração visível. O que o casal não podia saber — e que ninguém saberia até Einstein explicar tudo, dez anos depois — era que as pedras estavam convertendo massa em energia com extrema eficiência. **Marie Curie chamou esse efeito de "radioatividade".**

Raios mortais

Durante muito tempo, pensou-se que uma energia tão prodigiosa como a da radioatividade só podia ser benéfica. Hoje sabemos que não é. No início do século xx, Pierre Curie começou a apresentar sinais de intoxicação por radiação. Marie continuou trabalhando — e destacando-se — até morrer de leucemia, em consequência de sua exposição à radiação.

O Sol é uma fonte poderosa de raios radioativos. Felizmente, as camadas de gases da atmosfera nos protegem desses raios.

A tinta luminosa dos ponteiros e números deste relógio, fabricado nos anos 1950, contém uma pequena quantidade de brometo de rádio. Vai continuar brilhando por muitos séculos, produzindo um gás perigoso — umas das razões pelas quais o rádio não é mais usado nessas tintas.

Durante anos, os fabricantes de creme dental e laxantes acrescentaram a seus produtos uma substância radioativa. E pelo menos até o final da década de 1920 um hotel de Nova York anunciava, com orgulho, os benefícios de suas "fontes minerais radioativas" para a saúde.

A Terra se mantém aquecida

Os novos materiais radioativos despertaram o interesse de Ernest Rutherford, um jovem neozelandês que vivia em Montreal, Canadá. Ele descobriu que imensas reservas de energia estão presentes nessas pequenas quantidades de matéria e que o calor da Terra se deve, em grande parte, à diminuição dessas reservas e à liberação dessa energia.

Escondendo a idade

Enquanto isso, a discussão sobre a idade da Terra prosseguia acalorada, com os datadores de rochas e fósseis brigando entre si. Como nada na física conseguia explicar que um corpo do tamanho do Sol queimasse continuamente por dezenas de milhões de anos sem esgotar seu combustível, concluiu-se que o Sol e seus planetas tinham de ser muito jovens. Ernest Rutherford apresentou a prova irrefutável de que essa conclusão estava errada.

"Relógio" da radiação

Ele percebeu que qualquer amostra de material radioativo sempre leva o mesmo tempo para se reduzir à metade — e que essa taxa constante de decaimento poderia funcionar como uma espécie de relógio. Conhecendo-se a radiação atual de determinado material e a rapidez de seu decaimento, pode-se calcular sua idade. Rutherford testou a teoria num pedaço de uraninita, o principal minério de urânio, e descobriu que ele tinha 700 milhões de anos — o que superava em muito a idade geralmente atribuída à Terra.

No final do século XIX, os cientistas haviam decifrado a maioria dos mistérios do mundo físico: eletricidade, magnetismo, gases... Muita gente bem informada acreditava que a ciência já não tinha muito o que fazer.

Einstein — o gênio

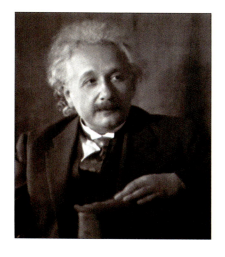

O mundo estava prestes a entrar num século de ciência em que muita gente não entenderia nada e ninguém entenderia tudo. Um cientista seria responsável por isso: Albert Einstein. Em 1905, publicou-se o primeiro de seus grandes textos científicos, a famosa Teoria Especial da Relatividade, que resolveria alguns dos maiores mistérios do universo.

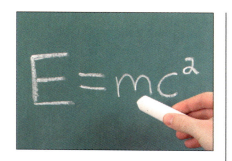

$E = mc^2$

A famosa equação de Einstein não foi apresentada nesse texto, mas num breve suplemento, lançado meses depois. Como sabemos, na equação "E" representa energia; "m", massa; e "c^2", a velocidade da luz ao quadrado. Em termos mais simples, o que a equação diz é que a massa e a energia são formas da mesma coisa. Sendo "c^2" um número enorme, a quantidade de energia presente em todo objeto material é imensa — gigantesca, na verdade.

Poder explosivo

Se você é uma pessoa de tamanho médio, contém em sua modesta constituição física energia potencial suficiente para explodir com a força de muitas bombas de hidrogênio — se é que você quer isso! Tudo que existe tem dentro de si esse tipo de energia.

Massa em energia

Entre outras coisas, a teoria de Einstein explica como a radiação funciona; como um fragmento de urânio pode emitir fluxos constantes de energia de alto nível sem derreter como um cubo de gelo. Explica como as estrelas podem brilhar durante bilhões de anos sem esgotar seu combustível. De uma só vez e numa fórmula simples, Einstein fornece aos geólogos e astrônomos a explicação para os bilhões de anos do universo.

Uma mente brilhantíssima

Quase imediatamente, as teorias de Einstein ganharam fama de ser ininteligíveis para uma pessoa comum. Até mesmo cientistas se sentiam perdidos num mundo de partículas e antipartículas em que as coisas surgem e somem em espaços de tempo que fazem nanossegundos parecerem lentos. O problema com a relatividade em particular não estava no monte de equações e outras complicadas operações matemáticas que envolve — até Einstein precisou de ajuda para resolver algumas —, mas no fato de constituir um enorme desafio intelectual.

A Teoria da Relatividade

O matemático e filósofo Bertrand Russell sugeriu que imaginássemos um trem de cem metros de comprimento movendo-se a 60% da velocidade da luz. Se estivéssemos parados na estação, vendo-o passar, o trem aparentaria só oitenta metros e tudo nele nos pareceria espremido.

Se pudéssemos ouvir os passageiros conversando no trem, suas vozes soariam confusas, como um disco tocado em velocidade mais lenta. Seus movimentos pareceriam mais vagarosos. Até mesmo os relógios no trem dariam a impressão de avançar a apenas quatro quintos de seu andamento habitual. Porém — e isso é surpreendente — para os passageiros tudo no trem estaria perfeitamente normal. Só nós, na plataforma, é que lhes pareceríamos encolhidos e lerdos.

Toda vez que você se move fornece uma prova de que a velocidade da luz é de fato constante. Se você voar de Londres para Nova York, sairá do avião um quinquilionésimo de segundo mais jovem do que os amigos que deixou para trás.

Tais mudanças são pequenas demais para fazerem alguma diferença para nós. No entanto, para outras coisas no universo — a luz, a gravidade, o próprio universo —, elas são realmente importantes.

Einstein disse que espaço e tempo não são fixos, mas relativos para o observador e para a coisa observada. Na verdade, como já vamos descobrir, o tempo tem até forma.

Espaço-tempo

O tempo faz parte do espaço: essa é a mais intrigante das ideias de Einstein. Por instinto acreditamos que nada pode perturbar a marcha do tempo. Mas Einstein nos diz que o tempo é variável, vive mudando e tem até forma.

Retornando à gravidade

Se alguém for explicar o espaço-tempo para você, provavelmente vai lhe pedir que imagine algo plano, porém macio e flexível — um colchão ou uma placa de borracha esticada —, onde se encontra um objeto redondo e pesado, como uma bola de ferro. O peso da bola provoca nessa base um ligeiro estiramento e uma leve arqueadura.

A deformação do tempo

Um objeto volumoso como o Sol (a bola de ferro) provoca no espaço-tempo (a placa de borracha) um efeito parecido: ele a estira, arqueia e deforma. Agora, se você fizer uma bola menor rolar pela placa, ela tentará seguir em linha reta, mas, ao se aproximar da bola de ferro, vai rolar para baixo, como se fosse atraída pelo objeto mais volumoso. Isso é gravidade — resultado da arqueadura do espaço-tempo.

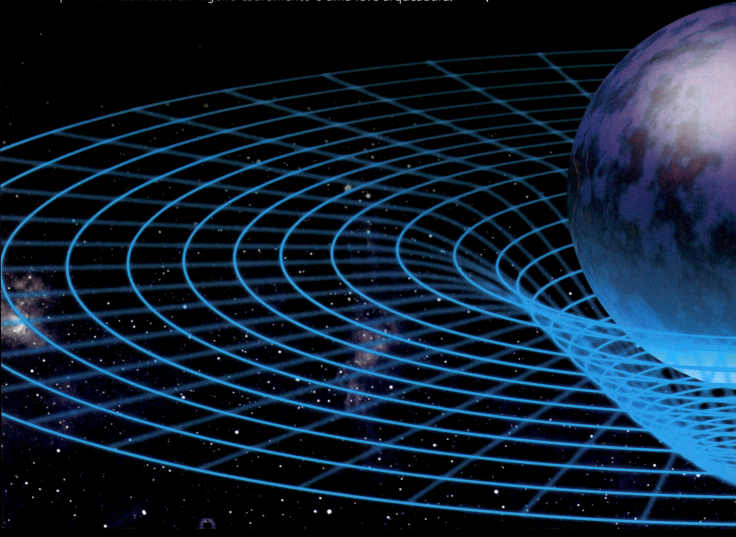

O cosmo em movimento

Um astrônomo que, apesar do nome intergaláctico — Vesto Slipher —, era de Indiana, nos Estados Unidos, e não do espaço exterior, andou fazendo leituras espectrográficas de estrelas distantes e descobriu que elas pareciam se afastar de nós.

As estrelas que Slipher observou mostraram sinais inconfundíveis daquele "iii-uuummm" comprido que os carros da Fórmula 1 produzem quando passam chispando pela pista. O fenômeno também se aplica à luz e, no caso de galáxias que se afastam, é conhecido como "desvio para o vermelho". Slipher foi um dos primeiros a notar esse efeito com a luz e perceber sua importância para compreendermos os movimentos do cosmo. O universo não é estático, ao que parece. Estrelas e galáxias têm cores visíveis e se movimentam claramente.

Desvio para o vermelho

Ao afastar-se de nós, a luz se desvia para o vermelho do espectro. Ao aproximar-se, desvia-se para o azul.

Iii-uuummm!

Johann Christian Doppler, um físico austríaco, foi o primeiro a constatar o efeito que recebeu seu nome. Quando um objeto em movimento se aproxima de um objeto estático, suas ondas sonoras se amontoam diante de qualquer receptor — seus ouvidos, digamos. Nesse momento, você escuta um som agudo e espremido (iiii). Quando a fonte do som se afasta, as ondas sonoras se espalham e se alongam, baixando o tom (uuummm).

O quadro geral

Dez anos mais jovem que Einstein, o americano Edwin Hubble se tornaria o astrônomo mais notável do século xx, debruçando-se sobre duas questões fundamentais: a idade e o tamanho do universo.

Velas sinaleiras

Para resolver essas questões, é necessário sabermos duas coisas: a distância que nos separa de certas galáxias e a rapidez com que elas estão se afastando de nós. O desvio para o vermelho nos dá a velocidade com que as galáxias estão se afastando, mas não nos informa a distância em que elas se encontram. Para isso precisamos das chamadas "velas padrão" — estrelas cuja luminosidade pode ser calculada com segurança e usada como referencial para medir a luminosidade e, consequentemente, a distância relativa de outras estrelas.

Henrietta Swan Leavitt estudou chapas fotográficas de estrelas e observou que algumas são pontos constantes no céu. Chamou-as de "velas padrão" e usou-as para medir o universo numa escala maior.

Usando o trabalho de Henrietta Swan Leavitt, uma astrônoma brilhante, e também o desvio para o vermelho de Vesto Slipher, Hubble começou a medir pontos selecionados do espaço. Em 1923, ele mostrou que a névoa distante na constelação de Andrômeda, conhecida como M31, não é uma nuvem de gás, mas uma profusão de estrelas. É uma galáxia com 100 mil anos-luz de extensão, situada a pelo menos 900 mil anos-luz de distância.

O universo é mais vasto do que já se imaginara.

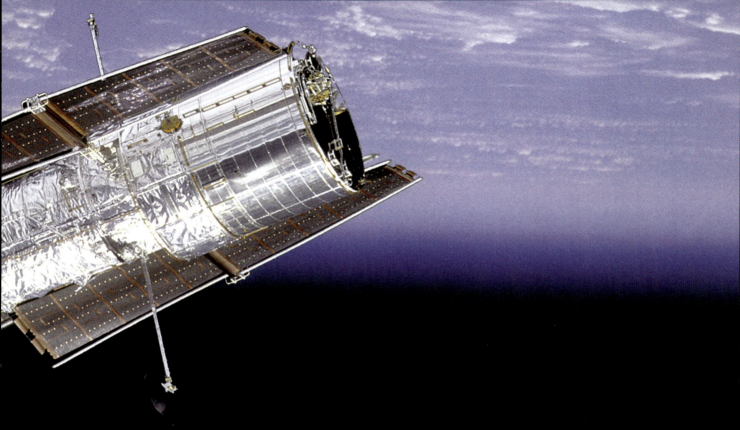

Uma galáxia de galáxias

Em 1919, quando Hubble estreou seu telescópio, só conhecíamos uma galáxia: a Via Láctea. Cinco anos depois, ele escreveu um texto histórico, mostrando que o universo não se resume à Via Láctea, mas consiste numa quantidade enorme de galáxias independentes, muitas das quais são maiores que a Via Láctea e estão muito mais longe. (Atualmente, os astrônomos acreditam que existam cerca de 140 bilhões de galáxias no universo visível.)

Nosso universo em expansão

Essa descoberta já teria garantido a fama de Hubble, mas ele decidiu calcular a vastidão do universo e realizou uma descoberta ainda mais notável. Passou a medir as cores nos espectros de galáxias distantes — o que Slipher começara a fazer. Usando um novo telescópio com 2,5 metros de diâmetro, constatou que todas as galáxias do céu (exceto a nossa) estão se afastando de nós. Constatou também a proporcionalidade entre velocidade e distância: quanto mais distante a galáxia, mais rápido é seu movimento. Trata-se de uma descoberta verdadeiramente espantosa: o universo está se expandindo, com rapidez e de modo uniforme, em todas as direções.

O Telescópio Espacial Hubble é um grande observatório que, orbitando em torno da Terra, tem revolucionado a astronomia, ao fornecer imagens nítidas de longínquas galáxias "bebês" formadas pouco depois do *big bang*, há 13,7 bilhões de anos.

Longe de ser o vazio estável, fixo e eterno que todo mundo pensava, o universo teve um começo. Portanto, também pode ter um fim.

"Má" ciência

Se dependesse de Thomas Midgley Junior, nosso planeta talvez já tivesse chegado ao fim. Midgley era formado em engenharia, e o mundo certamente teria sido um lugar mais seguro se ele tivesse se atido a essa profissão. Mas ele se interessou pelas aplicações industriais da química e causou muitos prejuízos ao planeta.

Mesmo sabendo-se que o chumbo é perigoso, muitos produtos de consumo ainda o continham no século xx. As latas de alimento eram fechadas com solda de chumbo. Os tanques de água geralmente eram revestidos de chumbo. Borrifava-se chumbo nas frutas para combater pragas. Até os tubos de creme dental continham chumbo.

A BOA NOTÍCIA

Hoje em dia, muitos países proibiram a gasolina com chumbo, e os níveis desse metal no sangue humano caíram drasticamente. No entanto, como o chumbo fica para sempre, o sangue de um americano, por exemplo, tem hoje 625 vezes mais chumbo do que tinha um século atrás. Infelizmente, a quantidade de chumbo na atmosfera aumenta em mais de 100 mil toneladas por ano, pois as indústrias continuam usando esse elemento.

Matando as pessoas

Em 1921, quando trabalhava para a divisão de pesquisas da General Motors, em Ohio, nos Estados Unidos, Midgley investigou um composto químico chamado chumbotetraetila e descobriu que ele reduzia a trepidação do motor do carro. Mas decidiu ignorar que o chumbo, adicionado ao combustível, pode causar danos irreparáveis ao cérebro e ao sistema nervoso central. O envenenamento por chumbo causa cegueira, insônia, insuficiência renal, perda de audição, câncer e convulsões, entre outros males. Na forma mais aguda, provoca alucinações terríveis, levando ao coma e à morte.

Por outro lado, era fácil e barato obter chumbo e muito lucrativo produzi-lo industrialmente — e ele sem dúvida eliminava a trepidação do motor. Assim, em 1923, três das maiores empresas americanas criaram a Ethyl Gasoline Corporation para fabricar, com o nome de etilo, todo o chumbotetraetila que o mundo quisesse comprar e adicionar à gasolina.

Quase de imediato os operários começaram a cair doentes. Rumores sobre os perigos do etilo passaram a circular. Então, seu inventor, Thomas Midgley, publicamente despejou-o nas mãos e durante um minuto cheirou um frasco que o continha para demonstrar que se tratava de um produto inofensivo. Na verdade, ele conhecia muito bem os malefícios do etilo: meses antes, adoecera gravemente em função desse composto e, sempre que podia, nem chegava perto dele.

Matando a atmosfera

Empolgado com o sucesso da gasolina com chumbo, Midgley se voltou para outro problema tecnológico da época. Na década de 1920, geladeira era um aparelho terrivelmente inseguro, porque usava gases perigosos que às vezes vazavam. Midgley resolveu criar um gás estável, não inflamável, não corrosivo e perfeitamente respirável. Dotado de uma capacidade de errar que era quase sobre-humana, inventou os clorofluorcarbonetos, ou CFCs. Só meio século depois os cientistas descobriram que os CFCs estão devorando o ozônio da estratosfera. Um único quilo de CFCs pode capturar e destruir setenta toneladas do ozônio atmosférico e é 10 mil vezes mais nocivo que a mesma quantidade de dióxido de carbono.

Amigo frágil

O ozônio é uma forma de oxigênio em que cada molécula tem três átomos de oxigênio, em vez de dois. No nível do solo, é poluente, mas lá em cima, na estratosfera, é benéfico, pois absorve a perigosa radiação ultravioleta do Sol e evita o superaquecimento da Terra. Não existe, porém, em grande quantidade. Se todo o ozônio da estratosfera ficasse no nível do mar, formaria uma camada de apenas dois milímetros de espessura.

Satélite sensível

Os instrumentos dos satélites monitoram a camada de ozônio, situada entre treze e 21 quilômetros acima da superfície terrestre. Esta imagem da Nasa, feita em 2006, mostra a extensão do buraco de ozônio, que abrange toda a região antártica — cerca de 17 milhões de quilômetros quadrados. O azul e o roxo mostram onde existe menos ozônio; os verdes e amarelos, onde existe mais.

> Os clorofluorcarbonetos talvez sejam a pior invenção do século XX.

A MÁ NOTÍCIA

Os CFCs foram proibidos em muitos países, mas, sendo uns diabinhos teimosos, é quase certo que vão continuar devorando o ozônio ainda por muitos e muitos anos. E o pior é que, anualmente, ainda jogamos na atmosfera quantidades enormes desse composto. Em 2010 os CFCs foram banidos na grande maioria dos países.

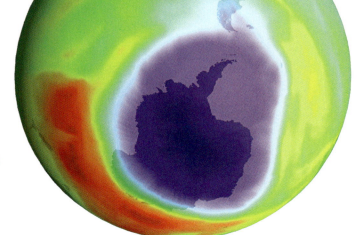

Uma era meteórica

Até 1940, as datas mais antigas e confiáveis não iam muito além do ano 3000 a.C. Ninguém podia afirmar com segurança quando as últimas camadas de gelo recuaram, por exemplo, ou quando nossos ancestrais que viveram há 45 mil anos pintaram as cavernas de Lascaux, na França.

Na década de 1940, o cientista Willard Libby inventou a datação por radiocarbono, um processo que, pela primeira vez, permitiria a seus colegas avaliarem com precisão a idade de ossos e outros restos orgânicos. Faltava bem pouco para datarem a Terra.

A datação por carbono

Libby observou que todas as coisas vivas contêm carbono 14, um tipo especial de carbono radioativo que começa a decair em ritmo constante quando seus átomos começam a morrer. A metade dos átomos do carbono 14 decai num período de 5600 anos, o que, portanto, vem a ser sua meia-vida. Calculando a quantidade de carbono 14 retida num objeto morto, Libby conseguia chegar a uma boa estimativa sobre a idade desse objeto. Mas só podia fazer isso com objetos que tinham, no máximo, 40 mil anos.

Na verdade, havia muitos problemas com a datação por carbono e com várias técnicas que se seguiram. Nem a técnica mais apurada conseguia datar qualquer coisa que tivesse mais de 200 mil anos. Mas o pior era que essas técnicas não conseguiam datar materiais inorgânicos, como rochas — o que, naturalmente, é fundamental para quem pretende determinar a idade do planeta.

Datando minérios

Coube a um homem chamado Clair Patterson encontrar a solução. Ele começou a trabalhar no projeto em 1948, fazendo medições bem precisas do teor de chumbo e urânio presente em rochas escolhidas a dedo. Elas tinham de ser muito antigas e conter cristais ricos em chumbo e urânio e praticamente tão velhos quanto o planeta — pois qualquer coisa muito mais recente levaria a datas enganosas. O problema era que rochas realmente antigas constituem uma raridade.

O urânio é um metal muito denso que teria se formado nas supernovas há 6,6 bilhões de anos. É um elemento radioativo presente em muitas rochas da crosta terrestre.

Medidas de meteorito

Mas Patterson acabou tendo uma ideia brilhante para contornar o problema: usar rochas de fora da Terra. Usar meteoritos. Sua suposição — ambiciosa, porém correta — era que muitos meteoritos são essencialmente restos de materiais de construção dos primórdios do sistema solar e, assim, ainda se encontram mais ou menos em seu estado original. Calculando a idade dessas rochas errantes, teríamos também a idade da Terra.

Patterson levou sete anos só para encontrar e medir amostras adequadas para o teste final. Todas continham pequeninas quantidades de urânio e chumbo no interior de cristais antigos. E graças a elas Patterson pôde anunciar ao mundo que a idade definitiva da Terra é de 4 550 milhões de anos (com uma margem de erro de 70 milhões de anos, para mais ou para menos) — um número com o qual continuamos trabalhando ainda hoje. Por fim sabemos a idade da Terra!

Os meteoros têm desde uma fração de milímetro até o tamanho de uma bola de futebol ou mais. Quando entra na atmosfera terrestre, o meteoro se incendeia e deixa um rastro de fogo no céu. Quando se choca com o solo, passa a se chamar meteorito.

Estamos no seguinte pé

Progredimos muito, graças a geólogos, físicos, químicos e astrônomos brilhantes que nos ajudaram a entender alguma coisa.

No começo desta parte, tínhamos informações seguras sobre o tamanho, o formato, o peso da Terra e a distância que nos separa de nossos vizinhos no sistema solar. Só nos faltava saber a idade de nosso planeta. Com a ajuda da química e de muitos ossos antigos, os cientistas finalmente a descobriram.

O que sabemos até agora:
- que toda matéria é feita de átomos;
- que substâncias chamadas elementos formam a Terra e sua atmosfera;
- que restos antigos de criaturas e plantas se preservaram como fósseis;
- que os fósseis podem ajudar a datar as rochas que compõem o planeta;
- que a Terra é muito velha — tem 4550 milhões de anos;
- que as galáxias vivem se deslocando.

Qual é a idade da Terra?

1785 James Hutton conclui que convulsões internas moldaram o planeta num longo período e que a Terra é muito mais antiga do que se imaginava até então. Suas ideias prepararam o caminho para o surgimento da geologia.

1795 Com ossos fossilizados, Georges Cuvier monta um animal que chama de mastodonte.

1796 William Smith conclui que fósseis encravados nas camadas das rochas podem ser usados para datar a Terra.

1807 Homens de boa posição social fundam, em Londres, a Geological Society, onde se encontram para jantar e discutir a coqueluche científica do momento: a geologia.

1808 John Dalton confirma que os átomos têm tamanho e forma e se entrosam.

1812 Mary Anning localiza e coleta fósseis, contribuindo para a datação científica das rochas.

1830-3 Charles Lyell afirma que a Terra evoluiu lentamente e durante muito tempo e que a geografia e a geologia comprovariam isso.

1869 Dmitri Ivanovich Mendeleev organiza numa tabela os elementos conhecidos.

1890-1900 Pierre e Marie Curie descobrem a radiação, mas não percebem o mal que ela faz à sua saúde.

1905 Albert Einstein formula a Teoria da Relatividade para explicar como avaliamos o tempo e a velocidade e propõe a equação $E = mc^2$ para explicar como se libera energia.

1912 Vesto Slipher constata que as estrelas se deslocam pelo espectro do azul ao vermelho e descobre o desvio para o vermelho das galáxias.

1923 Thomas Midgley causa muitos danos ao planeta com o chumbo e os CFCs.

1930-40 Edwin Hubble confirma que o universo está cheio de muitas galáxias que se movem e se expandem.

1953 Clair Patterson afirma que o mundo tem 4550 milhões de anos.

O que não sabemos

A conclusão de tudo isso é que vivemos num universo cuja idade não conseguimos calcular, cercado de estrelas cujas distâncias em relação a nós e entre elas ignoramos por completo, cheio de matéria que não sabemos identificar, regido por leis físicas cujas propriedades não entendemos realmente.

Então, vamos voltar para o planeta Terra e falar de uma coisa que entendemos (mais ou menos).

81

Trilobites itinerantes

No início do século xx, os geólogos calcularam a idade do planeta, examinando rochas e fósseis. Mas o estudo da Terra não parou por aí. Um meteorologista alemão chamado Alfred Wegener queria descobrir por que alguns animais fósseis apareciam com frequência em lados opostos de oceanos vastos demais para ser atravessados a nado.

Caracóis e marsupiais

Como os marsupiais viajaram da América do Sul à Austrália? Por que caracóis idênticos são encontrados na Escandinávia e na costa leste americana? Por que determinada espécie de trilobites muito conhecida na Europa também aparece na Terra Nova — mas só num lado? Se conseguiu atravessar 3 mil quilômetros de oceano, por que não foi capaz de cruzar uma ilha de trezentos quilômetros? E por que outra espécie de trilobite encontrada na Europa e no litoral noroeste da América não aparece em nenhum lugar entre esses dois pontos?

Em marcha

Wegener concebeu a teoria de que, antigamente, os continentes do mundo formavam uma única massa de terra, que chamou de Pangeia, onde plantas e animais puderam se juntar antes que os continentes se separassem e assumissem sua posição atual. Infelizmente, ele não apresentou nenhuma explicação convincente sobre o movimento das massas de terra, e, assim, a maioria dos cientistas continuou acreditando que os continentes sempre estiveram onde hoje se encontram.

Na época, duas explicações estavam em moda:

1. A teoria da maçã assada

Segundo essa teoria, quando a Terra fundida esfriou, enrugou-se como uma maçã assada, criando bacias oceânicas e cadeias montanhosas. A teoria não explica por que as rugas não se espalharam de modo uniforme na superfície terrestre, nem por que, tendo esfriado, o planeta ainda contém tanto calor em seu interior.

2. A teoria da ponte de terra

Segundo essa teoria, os mares já foram muito mais baixos e pontes de terra uniam os continentes, permitindo que plantas e animais passassem de um para outro. Essas "pontes de terra" eram inventadas e colocadas onde se fizessem necessárias. Quando se descobriu que o hipárion, um ancestral do cavalo, viveu na França e na Flórida na mesma época, colocou-se uma ponte de terra sobre o Atlântico. Quando se constatou que os antigos tapires ocorreram simultaneamente na América do Sul e no sudeste asiático, lançou-se uma ponte de terra entre essas duas regiões. Logo os mapas de mares pré-históricos ficaram praticamente cobertos de pontes de terra que uniam a América à Europa, o Brasil à África.

De cá para lá

Ainda hoje, os cientistas se perguntam por que certas espécies de plantas e animais de épocas antigas têm a mania de aparecer onde não deveriam e não aparecer onde deveriam. Um réptil do Triássico chamado listrossauro foi encontrado em toda parte, da Antártica à Ásia, e nunca na América do Sul e na Austrália.

Crosta agitada

Em 1908, o geólogo americano Frank Bursley Taylor estava impressionado com a semelhança entre a costa oeste da África e o litoral leste da América do Sul. Será que um dia esses continentes estiveram ligados?

Montanhas em choque

Taylor elaborou a teoria de que os continentes deslizaram e, ao se movimentarem, colidiram. Foram essas fortes colisões que fizeram surgir as cadeias montanhosas. No entanto, por falta de provas que a fundamentassem, a teoria foi descartada como coisa de maluco! Hoje, na era da tectônica das placas, sabemos que ele havia chegado bem perto da verdade.

Continentes à deriva

Toda a crosta terrestre se movimenta, e, com ela, as placas tectônicas, que formam a superfície do planeta. Nessa camada superficial há entre oito e doze placas grandes e mais ou menos vinte placas menores. Algumas placas são extensas e relativamente inativas, outras são pequenas e muito ativas, mas todas se movem em direções diferentes e em velocidades diferentes. A agitação constante da crosta terrestre impede que as placas se unam numa única placa imóvel.

Agora mesmo, enquanto estamos aqui sentados, os continentes estão à deriva, como folhas num lago.

225 milhões de anos atrás

135 milhões de anos atrás

Hoje

84

Rochas viajantes

As ligações entre as massas de terra atuais e as do passado são infinitamente mais complexas do que já se imaginou. O Cazaquistão, na Ásia central, já esteve ligado à Noruega e à Nova Inglaterra, nos Estados Unidos. Uma parte de Nova York, mas apenas uma parte, é europeia. Um cascalho de uma praia de Massachusetts tem seu parente mais próximo na África.

O tamanho e a forma das placas guardam pouca relação com as massas de terra que se encontram sobre elas. A placa norte-americana, por exemplo, é muito maior que o continente relacionado a ela. A Islândia se divide ao meio, o que a torna metade americana e metade europeia, em termos tectônicos. A Nova Zelândia faz parte da imensa placa do oceano Índico, embora esteja bem longe desse oceano.

Tudo muda!

Graças ao Sistema de Posicionamento Global (GPS), sabemos que a Europa e a América do Norte estão se afastando mais ou menos no ritmo de crescimento de uma unha humana — cerca de dois metros ao longo da vida. Grande parte da Califórnia vai se separar do continente e virar uma ilha do Pacífico. A África vem colidindo com a Europa há milhões de anos, empurrando os Alpes e os Pireneus. Ela vai espremer o Mediterrâneo até eliminá-lo, vai criar uma cadeia montanhosa do tamanho do Himalaia entre Paris e Calcutá e vai provocar terremotos na Grécia e na Turquia. A Austrália será ligada com a Ásia. O oceano Atlântico se expandirá, tornando-se muito maior que o Pacífico.

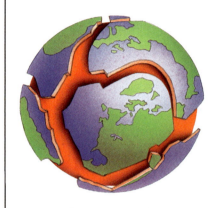

A crosta terrestre não é inteiriça, mas formada por várias placas tectônicas móveis (algumas grandes, outras menores), parecendo uma casca de ovo quebrada. De repente, todo o planeta faz sentido.

Daqui a 150 milhões de anos

Daqui a 250 milhões de anos

O que você vê num globo é, na verdade, um instantâneo dos continentes no que corresponde a um décimo de 1% da história da Terra.

Tudo à deriva

Além dos estranhos fósseis viajantes, as teorias sobre a Terra envolvem outro grande problema que ninguém conseguiu resolver: para onde vão os sedimentos? Anualmente os rios do planeta despejam nos mares quantidades maciças de material erodido — 500 milhões de toneladas de cálcio, por exemplo.

Para onde vai tudo isso?

Se você multiplicasse a média desse despejo pelo número de anos em que ele vem ocorrendo, concluiria que os sedimentos teriam formado uma pilha de vinte quilômetros de altura no fundo do oceano — ou seja, hoje o fundo do oceano estaria acima da superfície.

Surpresa atlântica

No século XIX, os homens que instalavam cabos submarinos entre a Inglaterra e os Estados Unidos encontraram no meio do Atlântico uma surpreendente cadeia montanhosa. Um cânion, ou fenda, com até vinte quilômetros de largura, percorre a cadeia em toda a sua extensão e prossegue num caminho contínuo, semelhante às linhas de uma bola de tênis. De quando em quando, os picos mais altos emergem na forma de ilha ou arquipélago — como os Açores e as Canárias, no Atlântico, ou o Havaí, no Pacífico. Somadas todas as suas ramificações, a cadeia se estende por 75 mil quilômetros e durante muito tempo permaneceu escondida e insuspeitada no fundo do mar.

Montanhas submarinas

Na década de 1950, os oceanógrafos realizaram sondagens cada vez mais sofisticadas do fundo do mar. Descobriram em toda parte cânions, fossos, fendas e sinais de vulcão. E tiveram uma surpresa ainda maior: depararam com a cordilheira mais imponente e extensa da Terra — submersa em sua maior parte.

De volta às entranhas

Então, em 1963, os geofísicos Drummond Matthews e Fred Vine finalmente esclareceram o mistério. Eles provaram que o fundo do mar está se separando e se propagando. O fundo do Atlântico, por exemplo, atua como duas enormes esteiras rolantes, uma transportando uma crosta para a América do Norte, e a outra carregando uma crosta para a Europa. Em ambos os lados da fenda central, constantemente se forma uma nova crosta oceânica, que empurra a anterior. Quando chega ao fim de sua viagem na fronteira com os continentes, a crosta mergulha de novo na Terra.

A propagação constante do fundo do mar explica: todos os sedimentos voltam para as entranhas da Terra.

O fogo interior

A tectônica das placas explica os movimentos superficiais da Terra e muitas de suas atividades internas, como vulcões e terremotos. Mas ainda sabemos bem pouco do que acontece sob nossos pés.

45 minutos de queda

Na verdade, parece que sabemos mais sobre o interior do Sol que sobre o interior da Terra. Os cientistas em geral concordam que o mundo subterrâneo se compõe de quatro camadas: uma crosta externa rochosa, um manto de rocha quente e viscosa, um núcleo externo líquido e um núcleo interno sólido. A distância entre a superfície da Terra e o centro não é tão grande: 6370 quilômetros. Calcula-se que, se você cavar um poço até o centro da Terra e jogar um tijolo, ele levará 45 minutos para tocar o fundo.

Mais para baixo!

Nossas tentativas de alcançar o centro do planeta têm sido modestas. Uma ou duas minas de ouro da África do Sul ultrapassam 3 mil metros de profundidade, mas a maioria não vai além de quatrocentos metros. Se a Terra fosse uma maçã, ainda não teríamos passado da casca. Em 1962, cientistas russos perfuraram um recorde de 12 mil metros — nem um terço da espessura da crosta.

A crosta externa rochosa

A crosta terrestre tem entre cinco e dez quilômetros de espessura sob os oceanos e quarenta sob a terra firme. É a parte que conseguimos examinar com mais facilidade — e onde se concentra a agitação!

O manto convulsivo

O manto corresponde a 82% do volume da Terra — a maior parte do planeta, portanto — e tem 3 mil quilômetros de espessura. As rochas do manto se agitam num processo convulsivo chamado convecção.

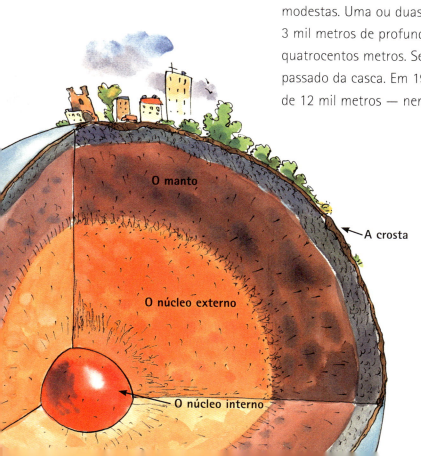

O núcleo externo líquido

Não sabemos muita coisa sobre o núcleo externo, mas todos concordam que é fluido e é o centro do magnetismo. Ele gira de tal modo que funciona como um motor elétrico, criando o campo magnético da Terra.

O núcleo interno sólido

Os cientistas sabem que as pressões no centro da Terra são suficientemente elevadas para solidificar qualquer rocha. Sabem que o núcleo interno retém calor com grande eficiência. E acreditam que em mais de 4 bilhões de anos a temperatura desse núcleo não caiu mais que 110ºC.

Ninguém sabe a temperatura exata no centro da Terra. Pelas estimativas — entre mais de 4 000ºC e mais de 7 000ºC — ela está próxima à da superfície solar.

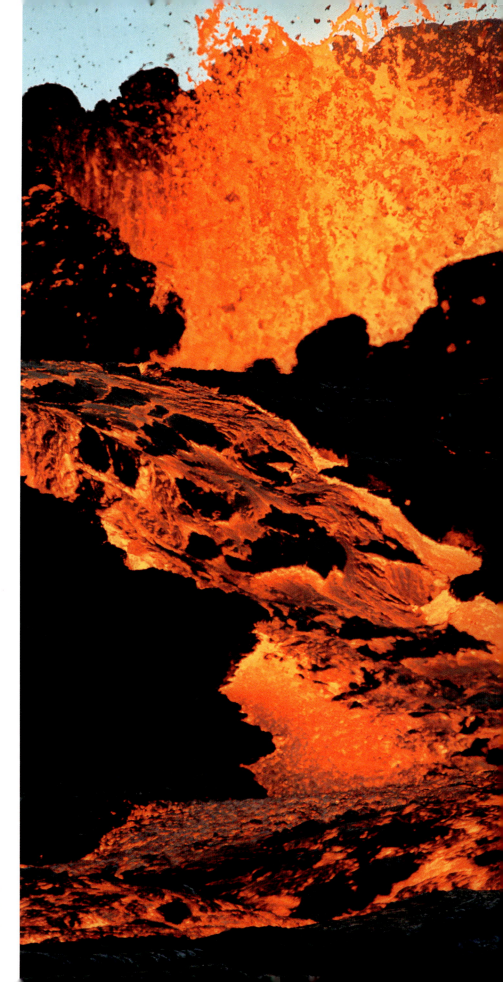

As rochas derretidas transbordam do manto terrestre na forma de magma vermelho-fogo.

Bum!

Antes...

A melhor demonstração de nossa ignorância sobre o interior da Terra está nos apuros que passamos quando ela resolve fazer das suas. A erupção do St Helens, no estado de Washington, nos Estados Unidos, em 1980, é um bom exemplo.

Primeiros rugidos

O St Helens começou a rugir em 20 de março. Ao cabo de uma semana, estava expelindo magma, em quantidades modestas, até cem vezes por dia e estremecendo constantemente, em função de terremotos. A população foi levada para o que se considerava um local seguro, a treze quilômetros dali. Quando os rugidos aumentaram, o St Helens se converteu em atração turística. Os jornais informavam diariamente os melhores lugares para se apreciar o espetáculo. Equipes de televisão voavam de helicóptero até o cume, e chegou-se a ver pessoas escalando o monte. Mas, como os rugidos não evoluíam para algo dramático, todo mundo perdeu a paciência e achou que não ia haver erupção.

Então, em 19 de abril, o lado norte do monte começou a inchar. Os sismólogos de plantão concluíram que o St Helens agiria como os vulcões havaianos, que não explodem pelos flancos. Só um professor de geologia chamado Jack Hyde observou que o St Helens não tinha nenhuma abertura no cume, como os vulcões havaianos, e, assim, toda pressão interna acabaria sendo liberada de outra maneira. Mas ninguém lhe deu atenção.

Depois...

Durante...

E então...

Às 8h32 de 18 de maio, domingo, um terremoto derrubou o lado norte do vulcão, e uma torrente de lama e pedras despencou pela encosta a 250 quilômetros por hora. Foi o maior deslizamento de terra da história humana e carregava material suficiente para soterrar Manhattan inteira a 120 metros de profundidade. Um minuto depois, o St Helens entrou em erupção, liberando o equivalente a 27 mil bombas atômicas iguais à que caiu em Hiroshima e lançando uma nuvem quente e misteriosa a mais de mil quilômetros por hora — da qual ninguém nas redondezas conseguiria escapar.

O que aconteceu depois...

Muita gente que supostamente estava em local seguro, de onde não se via o vulcão, foi atingida. Morreram 57 pessoas; 23 corpos nunca foram encontrados. O número de mortos teria sido bem maior se não fosse domingo. Em qualquer dia da semana, muitos madeireiros estariam trabalhando na zona fatal. Foram devastados seiscentos quilômetros quadrados de floresta. Árvores simplesmente sumiram. Choveu cinza na cidade mais próxima, transformando o dia em noite, emperrando motores e geradores, sufocando pedestres, parando tudo.

O Parque de Yellowstone

O Parque Nacional de Yellowstone ocupa uma área de 9 mil quilômetros quadrados. Na maior parte, está coberto de florestas; mas também inclui lagos e pastos.

Há no parque 10 mil fontes de água quente e gêiseres — mais que o total existente no resto do mundo.

Existem pessoas que passam a vida procurando vulcões. Bob Christiansen, do United States Geological Survey, é uma delas.

Atrás da caldeira

Na década de 1960, Bob Christiansen estava intrigado com uma coisa: não conseguia encontrar o vulcão do Parque de Yellowstone. Todo mundo sabia que o parque é vulcânico — o que explica todos os seus gêiseres e outras emanações de vapor —, e, se existe uma coisa bem fácil de se localizar, sem dúvida é um vulcão. Mas Christiansen não conseguia encontrar o vulcão de Yellowstone e muito menos a estrutura chamada caldeira.

No total, existem na Terra cerca de 10 mil vulcões visíveis. Geralmente são montes em forma de cone com encostas cobertas de lava. A maioria está extinta, ou seja, não entra mais em erupção. Há, porém, vulcões que não entram em erupção, nem têm forma de cone. Eles explodem! E explodem de uma vez, violentamente, deixando para trás uma espécie de cova imensa — uma caldeira. Yellowstone é esse tipo de vulcão.

Mas Christiansen não conseguia encontrar a caldeira de Yellowstone...

Com a ajuda da Nasa

Nessa época, a Nasa testara suas câmeras de grandes altitudes justamente em Yellowstone e dera cópias das fotos aos dirigentes do parque, para que as mostrassem aos visitantes. Assim que viu as fotos, Christiansen entendeu por que não conseguia encontrar a caldeira: praticamente o parque inteiro era uma caldeira! A explosão deixara uma cratera de mais de sessenta quilômetros de extensão — grande demais para ser vista de qualquer ponto no nível do solo.

Dados quentes

- Yellowstone se situa sobre um reservatório de rocha fundida que tem, no mínimo, duzentos quilômetros de profundidade e se ergue até perto da superfície.
- O calor do reservatório alimenta as chaminés, os gêiseres, as fontes de água quente e as poças de lama fervente.
- Sob a superfície, há uma câmara de magma com cerca de 72 quilômetros de extensão — quase o tamanho do parque — que pode explodir a qualquer momento.
- Desde a primeira erupção, há 16,5 milhões de anos, ocorreram cerca de cem explosões. A erupção de 2 milhões de anos atrás despejou uma quantidade de cinzas suficiente para soterrar a Califórnia inteira sob uma camada de seis metros de espessura.
- Segundo os cientistas, Yellowstone explode a intervalos de uns 600 mil anos. A última vez foi há 630 mil anos.

Será que Yellowstone vai explodir a qualquer momento? Sem aviso prévio? Sim, acontece o tempo todo.

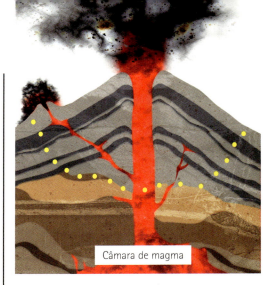

Câmara de magma

A caldeira se forma após uma erupção. Quando a câmara de magma se esvazia, a montanha pode desabar, deixando um vasto buraco (marcado com pontos amarelos).

Sinais de alerta

Em Yellowstone ocorrem entre mil e 3 mil terremotos por ano. Esses tremores não são intensos, mas constituem um alerta.

O Excelsior, o gêiser mais famoso do parque, soltava jatos de cem metros de altura. Em 1890, simplesmente parou. Em 1985, voltou à ativa por dois dias e parou novamente, até hoje. Mais um sinal de que o parque todo é imprevisível.

Yellowstone é um lembrete de que vivemos num planeta muito quente e destrutivo!

Grandes tremores

Os terremotos são imprevisíveis, e sabemos bem pouco sobre suas causas. Mas parece que, quando as placas colidem e outros distúrbios ocorrem, ondas de choque penetram fundo na Terra, alcançam o núcleo, ricocheteiam e provocam grandes tremores na crosta.

A escala Richter

Em 1935, dois geólogos americanos atinaram com uma forma de comparar terremotos e medir sua magnitude por meio de uma escala. Eles se chamavam Beno Gutenberg e Charles Richter — e a escala recebeu o nome de Richter.

A escala Richter funciona de tal modo que um abalo de 7,3 graus é dez vezes mais intenso que um de 6,3 e cem vezes mais forte que um terremoto de 5,3. A escala só mede a força e não diz nada sobre prejuízos. Um abalo de intensidade 7 — que aconteça no fundo do manto, a 650 quilômetros de profundidade, digamos — pode não causar estrago nenhum na superfície, ao passo que um bem menor — que ocorra a apenas seis ou sete quilômetros da superfície — pode provocar uma extensa devastação. Muita coisa depende também de sua duração, da frequência e da força dos abalos secundários, bem como da área atingida.

Três colossos

Desde a invenção da escala Richter já ocorreram muitos terremotos de grande magnitude, como o que abalou o Alasca, em março de 1964, e atingiu 9,2 graus; ou o que aconteceu no Pacífico, ao largo da costa do Chile, em 1960, e alcançou 9,5.

No entanto, em termos de devastação, o maior terremoto de que temos notícia foi o que destruiu Lisboa, em 1755. Pouco antes das dez horas da manhã, a capital portuguesa sofreu um repentino solavanco, com uma intensidade que se estima em nove graus, e tremeu violentamente durante seis minutos. Os sobreviventes tiveram apenas três minutos de calma, antes do segundo abalo. Ainda houve um terceiro e último abalo tão intenso que a água se afastou do porto e retornou numa onda de mais de quinze metros de altura, aumentando a destruição. O terremoto matou pelo menos 60 mil pessoas e reduziu a escombros quase todos os edifícios.

Tóquio é a próxima?

A capital japonesa se encontra na junção de três placas tectônicas num país que já é famoso pela instabilidade sísmica. Em 1995, um tremor de 7,2 graus abalou a cidade de Kobe, também no Japão, causando um prejuízo calculado em 200 bilhões de dólares. Mas isso não é nada em comparação com o que Tóquio poderá enfrentar.

Tóquio já sofreu um dos terremotos mais devastadores da era moderna. Em 1º de setembro de 1923, pouco antes do meio-dia, a cidade foi atingida pelo que se conhece como abalo Grande Kanto — dez mais vezes mais intenso que o terremoto de Kobe. Cerca de 140 mil pessoas morreram. Desde então, Tóquio tem se mantido estranhamente tranquila; isso significa que a pressão subterrânea vem aumentando há 85 anos. Vai acabar explodindo.

Terremoto é algo relativamente comum. Todo dia, em algum lugar do mundo, ocorrem mais de mil tremores de dois graus ou mais fortes — o suficiente para dar uma boa sacudida em quem está por perto.

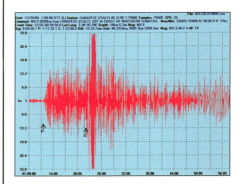

Esse gráfico na escala Richter mostra a intensidade do abalo que, com espantosa rapidez, fez o mar invadir a terra, no tsunami que devastou o sudeste asiático em 2004.

Impacto do espaço

Todo mundo achava que havia alguma coisa errada com o subsolo de Manson, cidadezinha de Iowa, nos Estados Unidos. Até que um dia, em 1912, um homem que estava cavando um poço deparou com umas pedras esquisitas. A água do poço também era esquisita: quase igual à água da chuva. Foi a primeira vez que se encontrou em Iowa água naturalmente doce.

Caçador de asteroides

A explicação teve de esperar até a década de 1950. Foi então que o jovem Eugene Shoemaker, geólogo brilhante, visitou uma possível cratera meteorítica no Arizona, um estado completamente diferente de Iowa, e lá encontrou enormes quantidades de tipos incomuns de quartzo, que sugeriam um impacto vindo do espaço. Intrigado, Shoemaker deu início a um estudo minucioso dos asteroides que se aproximaram da órbita terrestre.

Morte súbita

Anos depois, os geólogos Luis e Walter Alvarez, pai e filho, anunciaram sua convicção de que a extinção dos dinossauros não ocorrera ao longo de milhões de anos como parte de um processo lento e gradativo, mas de repente, num evento único e explosivo. Eles tinham feito uma surpreendente descoberta numa área montanhosa de Úmbria, Itália. Entre duas camadas antigas de calcário encontraram evidências de minerais que só existem no espaço exterior e que, em algum momento, foram depositados na Terra. Uma rocha enorme, como um asteroide, devia ter se despedaçado no local, espalhando-se pelas redondezas.

O limite KT

Hoje em dia a camada de rocha dos Alvarez se chama limite KT. Ela assinala o momento em que, há 65 milhões de anos, os dinossauros e praticamente a metade de todos os outros animais existentes no planeta desapareceram do registro fóssil. Mas os Alvarez não encontraram o local do impacto para comprovar sua teoria; a cratera Chicxulub, no México, é, atualmente, uma provável candidata.

O meteoro de Manson

Num passado distante, quando o local onde hoje se ergue Manson ficava na margem de um mar raso, uma rocha de 2,5 quilômetros de extensão e 10 bilhões de toneladas, viajando a aproximadamente duzentas vezes a velocidade do som, entrou na atmosfera e golpeou a Terra com uma violência e uma rapidez que nos custa imaginar. A área ocupada atualmente por Manson se tornou, num instante, um buraco com cinco quilômetros de profundidade e mais de trinta quilômetros de extensão. E o que provocou isso não saíra do interior da Terra, mas percorrera, no mínimo, 160 milhões de quilômetros para chegar aqui.

Gelo nivelador

O impacto sobre Manson foi o maior acontecimento que já teve lugar na parte continental dos Estados Unidos. De qualquer tipo. Em todos os tempos. A cratera era tão imensa que, parado numa borda, você só avistaria o lado oposto num dia bem claro. Suplantava, de longe, o Grand Canyon. Infelizmente, camadas de gelo que se sucederam ao longo de 2,5 milhões de anos encheram a cratera até o topo com sedimentos glaciais, de modo que o solo de Manson e arredores é hoje plano como uma mesa.

Impacto sobre Júpiter

Em julho de 1994, graças ao Telescópio Espacial Hubble, pudemos ver, pela primeira vez, a colisão entre um cometa e o planeta Júpiter. Os impactos se estenderam por uma semana e foram maiores do que esperávamos.

Um fragmento, conhecido como Núcleo G, golpeou Júpiter com uma força 75 vezes maior que o poder explosivo de todas as armas nucleares existentes no mundo.

O Núcleo G era uma rocha do tamanho de uma colina, mais ou menos, porém deixou na superfície de Júpiter marcas enormes (em amarelo, na foto), do tamanho da Terra.

Os cientistas dizem que um impacto como o de Manson ocorre uma vez num milhão de anos. Não é um alívio. Já vamos ver que a Terra é um lugar muito perigoso.

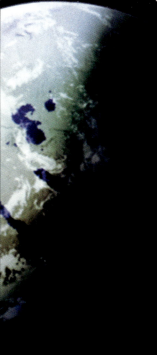

Choque de asteroide

Os asteroides são corpos rochosos que orbitam, em vaga formação, num cinturão entre Marte e Júpiter. As ilustrações os mostram como se estivessem amontoados, porém, sendo o sistema solar muito amplo, o asteroide médio está, na verdade, a mais de 1,5 milhão de quilômetros de seu vizinho mais próximo.

Ninguém sabe, nem aproximadamente, quantos asteroides existem, mas calcula-se que não sejam menos de 1 bilhão. Acredita-se que poderiam ser planetas, se a gravitação de Júpiter não os impedisse de se juntar.

A caminho... da Terra

Imagine que a órbita da Terra é uma espécie de via expressa e nós somos o único veículo, mas muitos pedestres a atravessam sem antes olhar para os lados. Pelo menos 90% desses pedestres são completos desconhecidos para nós. Não sabemos onde eles moram, a que horas acordam, quantas vezes cruzam nosso caminho. Só sabemos que, em algum momento, cortam a estrada na qual circulamos a mais de 100 mil quilômetros por hora. Se existisse um botão que você pudesse apertar e iluminar todos os asteroides com mais de dez metros que cruzam a órbita da Terra, mais de 100 milhões deles apareceriam no céu.

Em suma, você veria não alguns milhares de estrelas brilhando na distância, e sim milhões e milhões e milhões de corpos em movimento bem próximos de nós — todos capazes de colidir com a Terra e todos seguindo trajetos ligeiramente diferentes pelo céu e em diferentes velocidades. Seria profundamente assustador. E pode se assustar, porque eles estão lá. Só não podemos vê-los.

Desastre total!

Se um meteoro semelhante ao de Manson nos atingisse hoje, tocaria a superfície terrestre um segundo depois de entrar na atmosfera e se pulverizaria no mesmo instante.

No entanto, o choque lançaria pelos ares mil quilômetros cúbicos de rocha, terra e gases superaquecidos.

Todo ser vivo num raio de 250 quilômetros morreria em função do calor ou do impacto.

É quase certo que o impacto desencadearia uma série de terremotos arrasadores.

Em todo o mundo, vulcões começariam a rugir e vomitar.

Tsunamis devastadores se formariam e se dirigiriam para praias distantes.

Ao cabo de uma hora, uma nuvem negra cobriria a Terra, e rochas incandescentes e outros detritos choveriam em todo lugar, queimando grande parte do planeta.

Uma estrada movimentada

No total, acredita-se que cerca de 2 mil asteroides suficientemente grandes para nos ameaçar cruzam nossa órbita com frequência. Mas até mesmo um asteroide pequeno — do tamanho de uma casa, digamos — poderia destruir uma cidade. O número desses nanicos que invadem nossa órbita certamente é da ordem de centenas de milhares, ou até de milhões — e é quase impossível rastreá-los.

Abaixe-se!

Se víssemos um objeto se aproximando, o que deveríamos fazer? Todo mundo acha que deveríamos lançar uma ogiva nuclear e esmigalhá-lo — mas isso envolve alguns problemas. Primeiro, nossos mísseis não foram projetados para atuar no espaço. Não têm energia bastante para escapar da gravidade terrestre; e, ainda que tivessem, não existem mecanismos para guiá-los por dezenas de milhares de quilômetros no espaço. Na verdade, não temos um foguete suficientemente poderoso nem para enviar homens à Lua. O último que conseguiria fazer isso, o Saturno 5, foi aposentado anos atrás.

Ainda que fôssemos avisados com um ano de antecedência, não haveria tempo para tomarmos as providências necessárias. O mais provável, porém, é não vermos nenhum objeto que esteja a menos de seis meses de distância — o que seria tarde demais.

Por um triz

O primeiro asteroide que se avistou foi Ceres, em 1801; tinha quase mil quilômetros. Em 1991, um asteroide denominado 1991BA passou por nós, a cerca de 170 mil quilômetros de distância — em termos cósmicos, o equivalente a uma bala tocando a manga de alguém, mas não o braço.

Dois anos depois, um asteroide um pouco maior chegou mais perto, a 145 mil quilômetros. A passagem mais próxima de que se tem registro foi a do 1994 XLI, a 100 mil quilômetros.

Passagens tão próximas ocorrem, provavelmente, duas ou três vezes por semana e não percebemos.

Em 2029, o asteroide Apofis, uma rocha de quatrocentos metros, ficará mais perto da Terra que a órbita de muitos satélites de comunicação — mas não vai nos atingir.

Nosso pedacinho de chão

Por mais perigoso que seja nosso planeta, devemos nos dar por felizes de termos este pedacinho de chão. Pelo que sabemos, a Terra é o único lugar do universo capaz de nos sustentar — ainda que de má vontade. Uma parte surpreendentemente vasta da pequena parcela da superfície terrestre em que poderíamos viver não nos serve porque é muito quente, muito fria, muito seca, muito íngreme ou muito alta. Em parte, por nossa culpa.

Humanos indefesos

Somos um desastre em termos de adaptação. Como a maioria dos animais, não gostamos de lugares muito quentes, porém, como suamos muito e estamos sujeitos à insolação, somos mais vulneráveis ao calor. Nas piores circunstâncias — a pé, sem água, num deserto escaldante —, acabaremos delirando e desmaiando em menos de sete ou oito horas. Também somos fracos em relação ao frio. Como todos os mamíferos, geramos calor. Mas não o conservamos, porque temos poucos pelos. Mesmo em temperaturas amenas, metade das calorias que queimamos serve para nos manter aquecidos.

Golpe de sorte

Mas pense no que acontece em outros lugares do universo conhecido e você achará fantástico termos encontrado um planeta onde podemos viver, ainda que apenas num pedacinho dele. Pense no tórrido Vênus ou no gelado Marte e você verá que os planetas em geral são muito mais inóspitos que nosso globo ameno, azul, aquoso. Até agora, os cientistas espaciais descobriram só uns 250 dos possíveis 10 bilhões de trilhões de planetas existentes fora de nosso sistema solar — mas parece que é preciso uma sorte danada para se ter um planeta habitável.

Localização excelente

Num grau quase extraordinário, estamos a uma distância adequada do tipo adequado de astro — um astro com tamanho suficiente para irradiar muita energia, mas não tão grande para consumir-se rapidamente. Quanto maior o astro, mais rápida sua extinção. Se nosso Sol fosse dez vezes maior, teria se exaurido ao cabo de 10 milhões de anos, e não de 10 bilhões, e hoje não estaríamos aqui. Também temos sorte de orbitar no lugar certo: 5% mais perto ou 15% mais longe do Sol, a Terra teria estorricado ou congelado.

Somos um planeta gêmeo

Pouca gente pensa na Lua como um planeta companheiro, mas isso é o que ela é. Sem a Lua, estaríamos balançando como um pião no fim do giro. A gravitação constante da Lua mantém a Terra girando na velocidade e no ângulo corretos e com estabilidade suficiente para o desenvolvimento da vida. Não será assim para sempre. A Lua está se distanciando de nós ao ritmo de quatro centímetros por ano. Em 2 bilhões de anos, ela terá se afastado tanto que não nos ajudará mais.

O tipo certo de planeta

Mas não basta estar a uma distância adequada do Sol, pois, se bastasse, a Lua seria aprazível e coberta de florestas, e não é. Ao contrário da Lua, nosso planeta tem um interior liquefeito. Sem todo esse magma rodopiando sob nossos pés, certamente não estaríamos aqui agora. Nosso agitado interior provocou as emissões de gases que ajudaram a formar uma atmosfera e nos forneceu o campo magnético que nos protege da radiação cósmica. Também nos deu as placas tectônicas, que continuamente renovam e enrugam a superfície. Se a Terra fosse perfeitamente lisa, estaria coberta de água com mais de três quilômetros de profundidade.

Tudo a seu tempo

O universo é um lugar incrivelmente instável e acidentado, e nossa existência é um prodígio. Se ao longo de 4,6 bilhões de anos sua história não tivesse se desenrolado de modo específico em momentos específicos — se os dinossauros não tivessem sido exterminados por um meteorito naquele momento, por exemplo —, talvez você tivesse alguns centímetros de comprimento, além de bigode e cauda, e estivesse lendo isto numa toca. Parece claro que, para chegar a construir uma sociedade razoavelmente avançada e pensante, é preciso passar por períodos de estabilidade e períodos de tensão e desafio (as eras glaciais, por exemplo). E, naturalmente, não sofrer nenhum desastre fatal.

O cobertor da Terra

Ainda bem que existe a atmosfera. Sem ela, a Terra seria uma bola de gelo sem vida e com uma temperatura média de -50°C. E a atmosfera ainda absorve ou deflete bateladas de raios cósmicos, partículas carregadas, raios ultravioleta e por aí afora.

Quente e frio

A temperatura é só uma medida da atividade das moléculas na atmosfera. No nível do mar, as moléculas de ar são tão densas que só conseguem percorrer distâncias mínimas — cerca de 8 milionésimos de centímetro — antes de colidir entre si. Como trilhões de moléculas vivem colidindo, há uma troca muito grande de calor. Na termosfera, porém, o ar é tão rarefeito que quilômetros separam uma molécula da outra, e elas dificilmente entram em contato. Assim, embora sejam muito quentes, raramente se tocam e trocam calor.

A troposfera

A troposfera contém calor e oxigênio suficientes para vivermos, mas só tem entre dez e dezesseis quilômetros de espessura. Nela estão 80% da massa da atmosfera, quase toda a água e a maioria dos fenômenos meteorológicos.

A estratosfera

Quando uma nuvem se achata no topo e fica com um formato de bigorna, ela está no limite entre a troposfera e a estratosfera. Um elevador super-rápido nos levaria lá em vinte minutos. Mas, quando a porta se abrisse, estaríamos todos mortos, por causa da mudança de pressão. A temperatura local chega a -57°C.

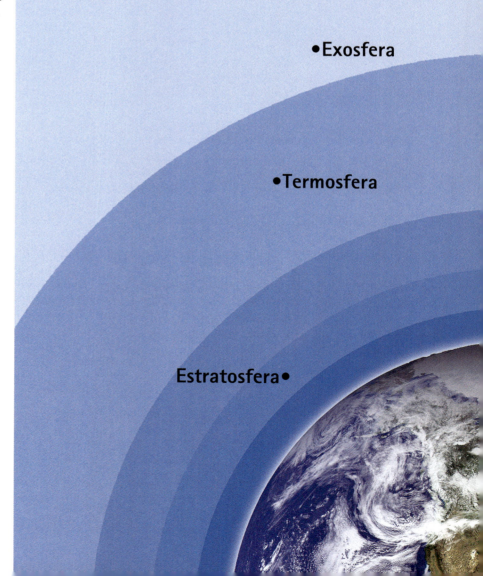

•Exosfera

•Termosfera

Estratosfera•

Uma fina armadura

O que nossa atmosfera tem de mais extraordinário é o tamanho modesto. Ela se ergue a mais ou menos 190 quilômetros — o que pode parecer muito, visto do nível do solo, mas, se você encolhesse a Terra até ela ficar do tamanho de um globo de mesa comum, a atmosfera teria a densidade de algumas demãos de verniz.

Acontece, porém, que a atmosfera é muito resistente. Toda a sua camada gasosa equivale a uma barreira de concreto de quatro a cinco metros de espessura. Sem ela, os invisíveis raios cósmicos nos traspassariam como pequenas adagas. As gotas de chuva nos golpeariam até perdermos a consciência, se não tivéssemos o anteparo da atmosfera.

A mesosfera

A mesosfera se ergue por uns oitenta quilômetros acima da estratosfera. A temperatura é ainda mais baixa, chegando a 90°C abaixo de zero.

A termosfera

Aqui, a temperatura dispara: 1500°C, porque não há camadas protetoras que diminuam o impacto do Sol.

A exosfera

Entre quinhentos e 10 mil quilômetros acima da Terra, átomos e moléculas podem escapar para o espaço, e partículas carregadas são ejetadas da atmosfera superior do Sol em fortes ventos solares.

Abraçando o solo

Mas você não precisa se aventurar até o limite da atmosfera para lembrar que estamos irrevogavelmente ligados à Terra. Muita gente adoece gravemente em altitudes próximas a 4500 metros. Não conseguimos viver permanentemente numa altitude superior a 5500 metros. Mesmo alpinistas experientes, bem treinados e equipados com cilindros de oxigênio, logo se tornam vulneráveis, e acima dos 7500 metros está o que os montanhistas chamam de Zona da Morte.

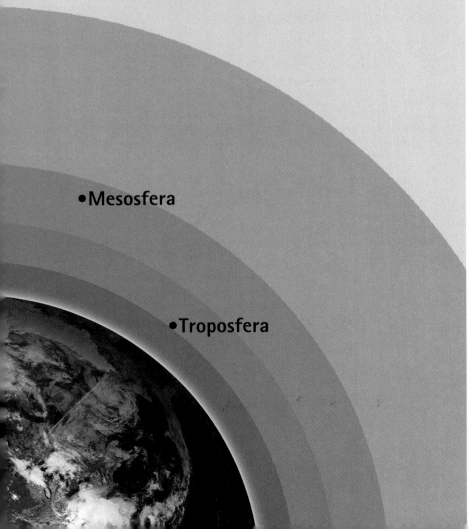
•Mesosfera
•Troposfera

Nosso corpo nos lembra, de mil maneiras, que não foi criado para funcionar muito acima do nível do mar.

Violento e ventoso

O ar em movimento, como num furacão ou numa ventania, logo nos lembra que tem uma massa, ou peso, considerável. Em torno de nós há 5200 trilhões de toneladas de ar — cerca de 10 milhões de toneladas por quilômetro quadrado do planeta. É muito! Não admira que milhões de toneladas de atmosfera, deslocando-se cinquenta ou sessenta quilômetros por hora, derrubem árvores e arranquem telhados.

Ascensão e queda

O processo que movimenta o ar na atmosfera e provoca ventos, bem como a maioria dos fenômenos meteorológicos, chama-se convecção. O ar úmido e quente das regiões próximas ao equador se ergue até a troposfera e se espalha. Então, esfria e desce. Parte do ar descendente procura uma área de baixa pressão e retorna ao equador, fechando o círculo.

Esse movimento provoca diferenças na pressão do ar do planeta. Como não as suporta, o ar se desloca para um lado e outro, tentando restabelecer o equilíbrio em toda parte. Na verdade, o clima é o resultado de uma luta sem fim. O ar sempre vai de áreas de alta pressão para áreas de baixa pressão, e, quanto maior a diferença entre as pressões, maior a velocidade do vento.

Em 24 horas, um furacão tropical pode liberar tanta energia quanto um país de porte médio, como a França, consome num ano.

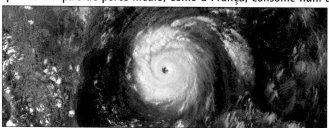

Trovão e relâmpago

A todo momento, 1800 tempestades ocorrem em todo o globo — cerca de 40 mil por dia. A cada segundo, cerca de cem relâmpagos atingem o solo em todo o planeta.

Um raio viaja a 435 mil quilômetros por hora e pode levar a temperatura do ar em seu redor a 28 000ºC — tornando-o várias vezes mais quente que a superfície do Sol.

O ciclo de vida de uma gota de chuva

O destino de uma molécula de água varia de acordo com o lugar onde ela cai. Em solo fértil, será absorvida pelas plantas ou acabará se evaporando ao cabo de horas ou dias. Se penetrar até o lençol freático, talvez não veja a luz do sol durante muitos anos — milhares, se a penetração for profunda. Quando você olha para um lago, está olhando para uma porção de moléculas que estão lá, em média, há dez anos. No oceano, calcula-se que esse tempo de residência seja de cem anos.

No total, cerca de 60% das moléculas de água da chuva voltam para a atmosfera dentro de um ou dois dias. Em média, elas passam pouco mais de uma semana no céu antes de cair novamente em forma de chuva.

A matéria das nuvens

Quando sistemas de alta e baixa pressão se encontram, geralmente as nuvens nos mostram o que vai acontecer. O pai da moderna meteorologia é um farmacêutico inglês chamado Luke Howard, que, em 1803, deu nome às nuvens.

Nas condições adequadas, os nimbos (nuvens de chuva) chegam a alturas de 10 a 15 km, com correntes de ar ascendentes e descendentes de mais de 140 km/h.

Os estratos se formam quando correntes de ar carregadas de umidade não transpõem uma área de ar mais estável e se espalham, como a fumaça ao tocar o teto.

Um fofo cúmulo de verão se estende por centenas de metros e contém entre cem e 150 litros de água — suficientes para encher uma banheira. Só 0,035% da água doce da Terra paira sobre nós.

Os cirros são nuvens finas, filamentosas, que indicam ventos fortes em grandes altitudes. Compõem-se basicamente de cristais de gelo e em geral anunciam um tempo mais frio.

Garrafa de água quente

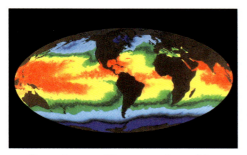

Correntes marítimas quentes e frias circulam por todo o globo e afetam o clima dos continentes que elas banham.

O que realmente determina o clima do planeta é o oceano. Na verdade, os meteorologistas cada vez mais tratam os mares e a atmosfera como um sistema único, e por isso devemos dar a ambos um pouco de atenção.

A água é maravilhosa quando se trata de conservar e conduzir calor — em quantidades inimagináveis. Todos os dias, a corrente do Golfo leva para a Europa uma quantidade de calor equivalente à queima de todo o carvão produzido no mundo ao longo de dez anos, motivo pelo qual a Grã-Bretanha e a Irlanda têm invernos tão amenos, em comparação com o Canadá e a Rússia. No entanto, a água também esquenta devagar, e por isso lagos e piscinas são frios, mesmo nos dias mais quentes.

Água salgada em baixa

Os oceanos não são uma única massa imensa de água. Apresentam diferenças de temperatura, teor de sal, profundidade, densidade e por aí afora. Tudo isso afeta a maneira de cada oceano conduzir calor, o que, por sua vez, afeta o clima.

O Atlântico, por exemplo, é mais salgado que o Pacífico. Quanto mais salgada, mais densa é a água, e água densa afunda. Sem sua carga extra de sal, as correntes do Atlântico seguiriam até o Ártico, aquecendo o polo Norte, mas não a Europa. Acontece que, quando se aproximam da Europa, as águas da superfície se adensam, afundam e iniciam uma lenta viagem de volta ao hemisfério sul. Quando chegam à Antártica, entram na principal corrente do continente e se dirigem para o Pacífico. O processo é muito lento — a água pode levar 1500 anos para ir do Atlântico norte ao meio do Pacífico —, mas envolve volumes consideráveis de calor e água e exerce enorme influência sobre o clima.

Esponja de carbono

Os mares ainda nos prestam outro grande favor. Ajudam a absorver quantidades enormes do insalubre dióxido de carbono e tratam de mantê-las em local seguro. Uma das esquisitices de nosso sistema solar é que hoje em dia o Sol é 25% mais intenso que na juventude do sistema solar. Portanto, a Terra deveria ser muito mais quente. Na verdade, essa intensidade deveria ter tido um efeito catastrófico sobre nosso planeta.

Então, o que é que mantém nosso globo estável e frio? A vida. Trilhões e trilhões de minúsculos organismos marinhos dos quais nunca ouvimos falar — chamados foraminíferos, cocolitos e algas calcárias — capturam o dióxido de carbono da atmosfera quando ele cai em forma de chuva e o utilizam para fazer suas minúsculas conchinhas. Assim, impedem que o carbono volte para a atmosfera, onde aumentaria perigosamente a quantidade de gases de efeito estufa.

Penhascos de carbono

Quando morrem, todos os minúsculos foraminíferos, cocolitos e similares caem no fundo do mar, onde são transformados em calcário. É incrível que uma extraordinária maravilha da natureza como os penhascos brancos de Dover, na Inglaterra, seja feita quase inteiramente de pequeninos organismos marinhos mortos. Mais incrível ainda é a quantidade de carbono lá guardada. Um cubo de quinze centímetros do calcário de Dover contém bem mais de mil litros de dióxido de carbono comprimido que, não fosse por isso, não estaria nos fazendo nenhum bem.

Os penhascos brancos de Dover.

> No total, há 80 mil vezes mais carbono preso nas rochas que na atmosfera da Terra.

Água por todo lado

Vivemos num mundo dominado por um líquido que não tem gosto nem cheiro e tanto pode dar a vida quanto tirá-la. Pode estorricar e congelar. Ora está no céu, ora está nos encharcando até os ossos. Consegue se agitar tão furiosamente que chega a derrubar construções. Nós o chamamos de água.

Uma batata é 80% água; uma vaca, 74%; uma bactéria, 75%. Um tomate, com 95%, é praticamente água. Nós mesmos somos 65% água, o que nos torna mais líquidos que sólidos.

Gelo flutuante

Estamos tão acostumados com a água que já não a vemos como a substância extraordinária que ela é. A maioria dos líquidos se contrai em cerca de 10% quando esfria. A água também, mas, quando está prestes a congelar, começa a se expandir, por algum motivo. Quando se solidifica, seu volume cresce quase 10%.

Porque se expande, o gelo consegue flutuar — o que é engraçado, pois ele deveria afundar. Claro que, se afundasse, lagos e oceanos congelariam de baixo para cima. Sem o gelo da superfície para mantê-la aquecida, a água perderia calor, os oceanos congelariam e quase com certeza ficariam assim, talvez para sempre. Ainda bem que a água não conhece as regras da química ou as leis da física.

O ciclo da água

Há na Terra 1,3 bilhão de quilômetros cúbicos de água, e isso é tudo que sempre vamos ter. A água que você bebe está por aqui desde que a Terra era jovem. Há 3,8 bilhões de anos, os mares já estavam mais ou menos cheios, e de lá para cá só têm feito reciclar-se.

Unidas até certo ponto

Todo mundo sabe que a fórmula química da água é H_2O, o que significa que ela é formada por um átomo grande de oxigênio e dois átomos menores de hidrogênio. Os átomos de hidrogênio se agarram ao de oxigênio, mas também se juntam a outras moléculas de água. É por isso que as moléculas de água se mantêm unidas para formar poças e lagos, mas não tão unidas que você não consiga separá-las, ao mergulhar na piscina.

Sal assassino

Sem água, o corpo humano sucumbe. Ao cabo de alguns dias, os lábios murcham, as gengivas ficam pretas, o nariz perde a metade do comprimento e a pele se contrai em volta dos olhos, impedindo-nos de piscar. A água é tão vital para nós que facilmente esquecemos que a maior parte da água encontrada na Terra nos faz mal — mal mortal — por causa dos sais que contém.

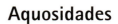
Água, água por todo lado, e nem uma gota para tomar!

Precisamos de sal para viver, mas só em quantidades bem pequenas, e a água do mar contém cerca de setenta vezes mais sal do que podemos ingerir com segurança. Um litro de água do mar contém só umas 2,5 colherinhas de sal comum — o que usamos na comida — e quantidades muito maiores de outros elementos, compostos e sólidos dissolvidos, coletivamente chamados de sais.

Se você ingerisse muito sal, moléculas de água sairiam correndo de todas as células, como bombeiros, para tentar diluí-lo e eliminá-lo. Com isso, as células ficariam sem a água de que necessitam — ou seja, elas se desidratariam —, e as células sanguíneas sobrecarregadas levariam o sal para os rins, que não aguentariam e acabariam parando de funcionar. Se os rins não funcionam, você morre. É por isso que você não toma água do mar.

Água coesa

A coesão permite que as moléculas de água subam, quando sugadas por sifão, ou formem gotas no capô do carro. É graças à coesão que a água tem tensão de superfície, criando uma espécie de "película" superficial forte o bastante para suportar insetos como os gerrídeos.

Aquosidades

- 97% de toda a água da Terra está nos mares; a maior parte está no Pacífico, que é mais vasto que todas as massas de terra juntas.
- O Pacífico contém mais da metade de toda a água dos mares; o Atlântico tem cerca de 25%, e o Índico um pouco menos. Assim, sobram apenas 3,6% para todos os outros mares.
- A profundidade média do oceano é de 3,86 quilômetros; o Pacífico é, em média, uns trezentos metros mais fundo que o Atlântico e o Índico.
- Dos 3% da água doce da Terra, uma parte minúscula — 0,036% — se encontra em lagos, rios e reservatórios, e uma parte ainda menor — 0,001% — está nas nuvens ou no vapor.

- Grande parte do gelo do planeta está na Antártica. Se você for ao polo Sul, vai ter 3 mil metros de gelo sob seus pés; já no polo Norte, terá apenas cinco metros.

Seria mais correto chamar nosso planeta de "Água" que de "Terra".

Nas profundezas

Por acaso, pertencemos ao grupo de seres vivos que, há 400 milhões de anos, tomaram a temerária decisão de sair do mar e viver na terra, respirando oxigênio. Com isso, perdemos acesso a 99,5% do espaço habitável do mundo.

A maior profundidade que alguém já atingiu sem ajuda nenhuma — e da qual voltou vivo para contar — é de 90 metros. Quem realizou a proeza foi o neozelandês William Trubridge, que em dezembro de 2009 estabeleceu o recorde do "peso constante sem nadadeiras" num tempo de mergulho de 3min40.

A pressão da água

Não só não conseguimos respirar dentro da água como não aguentaríamos a pressão. Sendo a água umas 1300 vezes mais pesada que o ar, a pressão aumenta rapidamente, à medida que afundamos. Quase todo mundo imagina que nosso corpo sucumbiria à imensa pressão das profundezas oceânicas. Na verdade, como em grande parte somos feitos de água, nosso corpo se mantém na mesma pressão da água que o envolve e não é esmagado por ela. São os gases dentro dele que causam o problema. A 150 metros de profundidade, nossas veias entrariam em colapso e nossos pulmões se contrairiam até ficar do tamanho de uma lata de refrigerante.

O espantoso é que algumas pessoas fazem isso voluntariamente, sem tubo de oxigênio, só por diversão, num esporte chamado mergulho livre. Mas não ficam lá no fundo o tempo suficiente para o nitrogênio de seu sistema se dissolver em seus tecidos.

Desastres do mergulho

Muitas outras coisas podem dar errado. Na época do escafandro — que era ligado à superfície por meio de longos tubos —, os mergulhadores às vezes passavam por uma experiência terrível, conhecida como "aperto". Ocorria quando as bombas da superfície falhavam, acarretando uma perda de pressão catastrófica no escafandro, de onde o ar saía com uma violência tal que o coitado do mergulhador era sugado para dentro do capacete e do tubo. Içado para a superfície, estava reduzido a ossos e alguns nacos de carne!

Mas o verdadeiro terror das profundezas é a doença descompressiva.

Bolhas corporais

O ar que respiramos contém 80% de nitrogênio. Pressione o corpo humano, e esse nitrogênio se transforma em bolhinhas minúsculas, que migram para o sangue e os tecidos. Se a pressão se altera bruscamente — como quando o mergulhador emerge muito depressa —, as bolhas presas no corpo começam a efervescer como o refrigerante que acabou de ser aberto. Elas obstruem pequenas veias, privando as células de oxigênio, e provocam uma dor violenta, que faz a vítima se contorcer.

Camarão robusto

Outras criaturas lidam bem com as pressões nas profundezas, mas não sabemos como algumas delas conseguem isso. O ponto mais fundo do oceano é a fossa Mariana, no Pacífico. A onze quilômetros de profundidade, as pressões chegam a 1125 quilos por centímetro quadrado. Uma vez, algumas pessoas desceram a essa profundidade num robusto batiscafo e por pouco tempo, mas essa região é habitada por um crustáceo semelhante ao camarão que sobrevive sem nenhuma proteção.

Mesmo a quatro quilômetros de profundidade — a média oceânica —, a pressão é idêntica à de catorze caminhões carregados de cimento.

Sopa de proteínas

Como vimos, os oceanos são inóspitos. Mas foi nos oceanos que a vida começou. Podemos dizer, sem medo de errar, que o modo como isso aconteceu foi extraordinário.

Uma receita incrível

Se você reunisse todos os componentes de um ser humano — carbono, hidrogênio, oxigênio e nitrogênio —, mais pequenas quantidades de outros elementos — sobretudo enxofre, fósforo, cálcio e ferro —, colocasse num recipiente com um pouco de água e agitasse vigorosamente, veria sair dali uma pessoa completa. Seria fantástico!

Na verdade, não existe nada especialmente exótico nas substâncias químicas que nos compõem. Para criar um ser vivo — um peixinho dourado, um pepino ou uma criatura humana —, você só precisaria dos principais ingredientes que acabei de mencionar. Combinando-os de umas trinta maneiras para obter alguns açúcares, ácidos e outros compostos básicos, você poderia produzir qualquer coisa viva.

O edifício da vida

Em 1953, trabalhando na Universidade de Chicago, Stanley Miller pegou dois frascos — um com um pouco de água, representando o oceano primordial, e outro com uma mistura de metano, amônia e hidrogênio, representando a atmosfera primitiva da Terra —, uniu-os com tubos de borracha e provocou em seu interior umas faíscas elétricas, representando relâmpagos. Dias depois, a água se tornara um caldo verde e amarelo de aminoácidos, ácidos gordurosos, açúcares e outros compostos orgânicos. Comumente chamados de "blocos do edifício da vida", os aminoácidos são a parte fácil da receita. O problema são as proteínas.

Um pequeno milagre

As proteínas são o que obtemos quando juntamos aminoácidos, e precisamos de um monte delas. Ninguém sabe realmente, mas pode haver 1 milhão de tipos de proteínas no corpo humano, e cada uma é um pequeno milagre, porque, pelas leis das probabilidades, elas nem deviam existir.

Para fazer uma proteína, você precisa juntar aminoácidos em determinada ordem, mais ou menos como você junta letras em determinada ordem para escrever uma palavra. O problema é que no alfabeto dos aminoácidos as palavras geralmente são muito longas. Por exemplo, para escrever "colágeno", o nome de um tipo comum de proteína, você precisa colocar oito letras na ordem certa. Já para **fazer** colágeno, você precisa colocar 1055 aminoácidos rigorosamente na sequência certa.

Mas — e aqui está o ponto crucial — você não **faz** colágeno. Ele se faz, espontaneamente, sem ajuda nenhuma. Como?

- Para ter serventia, uma proteína precisa não só juntar aminoácidos na sequência certa...
- mas também criar uma espécie de origami químico e se dobrar de modo bem específico.
- Depois, precisa obter a ajuda do DNA. As proteínas não podem existir sem o DNA, e, sem as proteínas, o DNA é inútil.

E mais...

O DNA, as proteínas e os outros componentes da vida não podem ir a nenhum lugar sem algum tipo de célula que os contenha. Nenhum átomo ou molécula ganha vida por si só. Se você tirar qualquer átomo de seu corpo, ele será tão vivo quanto um grão de areia. A vida só pode ocorrer quando todos os diferentes materiais se reúnem no interior de uma célula.

Um início remoto

Uma das maiores surpresas que os geólogos e outros cientistas tiveram em décadas recentes se refere à antiguidade da vida na Terra. Por muito tempo pensou-se que a vida se iniciara há menos de 600 milhões de anos. Trinta anos atrás, indivíduos ousados cogitaram em 2,5 bilhões de anos.
Hoje, a data incrivelmente remota é de 3,85 bilhões de anos.

A superfície da Terra só se solidificou há 3,9 bilhões de anos; portanto, a vida começou logo. Não admira que chamemos isso de "o milagre da vida".

Bactérias batalhadoras

No começo, não havia oxigênio, mas apenas vapores venenosos de ácidos clorídrico e sulfúrico, capazes de roer a roupa e empolar a pele.

É incrível que alguma coisa sobrevivesse no planeta bilhões de anos atrás. Nós não sobreviveríamos. Se desembarcássemos naquele mundo antigo, com certeza voltaríamos correndo para a máquina do tempo que nos levara até lá. A atmosfera era uma sopa química que mal deixava um raio de sol tocar a superfície terrestre. O pouco que conseguiríamos ver era iluminado por breves e frequentes clarões. Em suma, não reconheceríamos aquela Terra.

Durante 2 bilhões de anos, os organismos bacterianos foram as únicas formas de vida. Eles se reproduziam e eram numerosos, mas não pareciam dispostos a alcançar um estágio mais interessante. Entretanto, em algum momento desses primeiros bilhões de anos da vida, algas bacterianas verde-azuladas, chamadas cianobactérias, aprenderam a usar o hidrogênio, abundante na água. Elas absorviam moléculas de água, alimentavam-se de hidrogênio e expeliam oxigênio.

Oxigênio mata

Quem vê o oxigênio como uma necessidade geralmente se surpreende ao saber que ele é venenoso. Na verdade, evoluímos o bastante para saber usá-lo. Nossos glóbulos brancos o utilizam para matar bactérias invasoras. Para outras coisas, porém, o oxigênio é um terror. Ele torna a manteiga rançosa e enferruja o ferro.

Mesmo nós o toleramos até certo ponto. O nível de oxigênio em nossas células é de apenas um décimo do nível encontrado na atmosfera.

Produtoras de oxigênio

As cianobactérias foram um tremendo sucesso. À medida que se propagavam, iam enchendo o mundo de oxigênio. Isso não era bom para os outros organismos vivos do planeta, para os quais oxigênio era veneno; eles logo morreram ou se refugiaram no mundo lodoso dos pântanos e dos fundos dos lagos.

Surge a vida

Há cerca de 3,5 bilhões de anos, algo de novo aconteceu. Na parte rasa dos mares, as cianobactérias se tornaram ligeiramente pegajosas e passaram a capturar micropartículas de areia. Formaram estruturas meio esquisitas, mas sólidas, chamadas estromatólitos. Essas estruturas ora pareciam couves-flores enormes; ora, colunas de fumaça, erguendo-se dezenas de metros sobre a superfície da água.

Invasão das mitocôndrias

Uma das razões pelas quais a vida demorou tanto para se tornar complexa foi que o mundo teve de esperar 2 bilhões de anos para que pequenos organismos como os estromatólitos elevassem o oxigênio da atmosfera mais ou menos para os níveis atuais. Então surgiu um tipo de célula inteiramente novo. As mitocôndrias são minúsculas — 1 bilhão delas cabem muito bem no espaço ocupado por um grão de areia — e esfomeadas. Comem quase todo alimento que ingerimos. Não conseguiríamos viver dois minutos sem elas.

Milhões de micróbios

No fim, surgiram muitos outros tipos de micróbios — organismos unicelulares tão pequenos que são invisíveis ao olho humano. Eles incluem bactérias e arqueobactérias (criaturas semelhantes a bactérias, mas com características diferentes) e fungos. Surgiram produtores de oxigênio, como algas primitivas, amebas, micetozoários e protozoários. Surgiram os micróbios que aprenderam a se transformar em seres multicelulares que expelem oxigênio — como as plantas — ou o absorvem — como você e eu. E surgiram os vírus, que são outro tipo importante de micróbio.

Nossos ancestrais mais antigos

Durante muitos anos, os cientistas souberam dos estromatólitos a partir dos fósseis; mas em 1961 eles se surpreenderam com a descoberta de uma comunidade viva na costa noroeste da Austrália. Hoje em dia, os visitantes podem caminhar por passarelas sobre a água para ver os estromatólitos respirando calmamente, logo abaixo da superfície. Eles são opacos e cinzentos e parecem estrume de vaca.

É impressionante olhar para remanescentes vivos da Terra tal como ela era há 3,5 bilhões de anos.

Vale a pena lembrar que o mundo ainda pertence ao muito pequeno, como já vamos ver.

Seu minimundo

O corpo humano se compõe de cerca de 10 quatrilhões de células, mas abriga uns 100 quatrilhões de células bacterianas. Em suma, elas são uma grande parte de nós. Ou, do ponto de vista das bactérias, nós somos uma pequena parte delas.

Não vale a pena dar muita atenção a seus micróbios. Mas também não há motivo para tentar fugir deles, pois estão em você e a seu redor em números simplesmente inimagináveis. Se você tem boa saúde e cuida razoavelmente bem de sua higiene, um rebanho de mais ou menos 1 trilhão de bactérias está pastando em sua carne — uns 100 mil em cada centímetro quadrado de pele.

Bufê de bactérias

Elas se regalam com os 10 bilhões de lascas que sua pele desprende diariamente, com os óleos deliciosos e os minerais fortificantes que saem de cada poro e de cada fissura. Para elas, você é o grande bufê e ainda por cima lhes oferece calor e mobilidade constante. Em troca, elas lhe dão mau cheiro.

E essas são só as bactérias que vivem em sua pele. Existem outros trilhões aninhadas em seu intestino e em suas fossas nasais, agarradas em seu cabelo e em seus cílios, nadando em seus olhos, escavando o esmalte de seus dentes. Só seu sistema digestivo abriga mais de 100 trilhões de micróbios, de pelo menos quatrocentos tipos. Há os que lidam com açúcares, os que trabalham com fermentos, os que atacam outras bactérias. Um número surpreendente não tem nenhuma função evidente. Parece que só gostam de estar com você.

Unidos venceremos

Não conseguiríamos sobreviver um dia sem as bactérias. Elas processam nossas excreções e as tornam utilizáveis novamente; sem sua diligente mastigação, nada apodreceria. Elas purificam nossa água e mantêm nossos solos produtivos. Elas sintetizam as vitaminas em nosso intestino, convertem os alimentos que ingerimos em açúcares e polissacarídeos úteis e combatem micróbios estranhos que invadem nossa goela. Dependemos inteiramente das bactérias para captar o nitrogênio do ar e transformá-lo em nucleotídeos e aminoácidos importantes para nós. Principalmente, os micróbios nos fornecem o ar que respiramos e mantêm a atmosfera estável.

Nunca diga "morrer"

Como somos grandes e espertos o suficiente para produzir e usar antibióticos e desinfetantes, logo nos convencemos de que podemos nos livrar das bactérias indesejáveis. Não acredite nisso! As bactérias comem a madeira, a cola do papel de parede, os metais presentes na tinta endurecida. Já foram encontradas vivas em poças de lama fervente, em lagos de soda cáustica, nas entranhas das rochas, no fundo do mar, em águas geladas e em pleno oceano Pacífico, a onze quilômetros de profundidade, sob uma pressão equivalente à de cinquenta aviões de grande porte.

No mundo da lua

O sobrevivente mais extraordinário já encontrado talvez seja um estreptococo que passou dois anos nas lentes lacradas de uma câmera — na Lua.

As bactérias vivem e prosperam em quase tudo que você derrama, cospe, libera. Ao cabo de 24 horas apenas, elas estão se desenvolvendo rapidamente nesta lâmina, sobre a qual alguém tossiu. Mas não cresceram no centro, onde há fluido antibiótico.

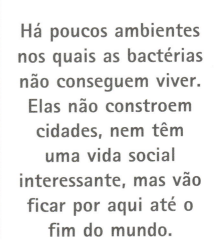

Há poucos ambientes nos quais as bactérias não conseguem viver. Elas não constroem cidades, nem têm uma vida social interessante, mas vão ficar por aqui até o fim do mundo.

O que deixa você doente

Em algum momento da vida, você há de perguntar: por que os micróbios nos afligem com tanta frequência? Que prazer eles podem ter em nos fazer arder de febre ou tiritar de frio, em nos desfigurar com feridas ou, sobretudo, em nos matar? Afinal, depois de mortos, não os hospedaremos por muito tempo.

Antes de tudo, convém lembrar que a maioria dos micróbios é inofensiva. Alguns até são benéficos para nossa saúde. O organismo mais infeccioso que existe, a bactéria wolbachia, não faz mal nenhum a nós — nem aos outros vertebrados —, mas pode levar um camarão, uma minhoca ou uma mosca a se arrepender de ter nascido.

Tudo somado, calcula-se que só um micróbio em mil é capaz de nos infeccionar — e já é demais, podemos dizer. Os micróbios ainda são grandes matadores.

Assassino em ação

O mal do hospedeiro resulta em alguns benefícios para o micróbio. Vômitos, espirros e diarreia são veículos excelentes para ele sair de um hospedeiro e embarcar em outro. O micróbio também pode se valer de uma terceira parte móvel. Os organismos infecciosos adoram os mosquitos porque a picada do mosquito os joga diretamente na corrente sanguínea de um indivíduo, onde podem entrar em ação antes que os mecanismos de defesa da vítima consigam entender o que os atingiu. É por isso que muitas doenças, como malária e febre amarela, começam com uma picada de mosquito.

Na verdade, os microrganismos não ligam a mínima para o que fazem com você, assim como você não liga quando extermina milhões deles com um jato de desinfetante. Seu bem-estar só tem importância para eles quando o matam antes de caírem fora, correndo o risco de morrer também.

A fêmea do mosquito suga o sangue de outros animais para alimentar seus ovos, e com isso transmite doenças mortais.

118

O resgate

Como tantas coisas podem nos fazer mal, nosso corpo possui muitos tipos diferentes de glóbulos brancos — cerca de 10 milhões, no total, cada qual equipado para identificar e destruir determinada espécie de invasor. Sendo impossível manter 10 milhões de exércitos em prontidão, cada variedade de glóbulos brancos mantém só uns poucos patrulheiros em serviço. Quando um agente infeccioso invade o organismo, os patrulheiros o identificam e chamam os reforços adequados. Enquanto seu corpo reúne essas tropas, você talvez passe muito mal. Mas, assim que as forças entram em ação, você começa a se recuperar.

Os glóbulos brancos são impiedosos: perseguem e matam até o último invasor que encontram. Para evitar a extinção, os agressores ou atacam rapidamente e partem para outro hospedeiro, como ocorre no caso de doenças infecciosas comuns, como a gripe, ou se disfarçam para que os glóbulos brancos não os reconheçam, como faz o HIV, o vírus da aids, que pode ficar quietinho nas células do corpo durante anos, antes de começar a agir.

Vírus sequestradores

Pode ser um alívio saber que as bactérias também adoecem. Às vezes elas são infectadas por vírus. Menores e mais simples que as bactérias, os vírus não têm vida. Eles sequestram um hospedeiro adequado e o usam para produzir mais vírus.

Como não são organismos vivos, podem continuar sendo simplicíssimos. Muitos, inclusive o HIV, têm dez genes ou menos, ao passo que até a bactéria mais elementar precisa de alguns milhares. Os vírus também são tão pequenos que não conseguimos vê-los com um microscópio convencional, mas podem causar imensos estragos. Calcula-se que, só no século XX, a varíola matou 300 milhões de pessoas.

Existem cerca de 5 mil espécies de vírus conhecidas e, juntas, elas causam centenas de doenças, que vão desde a gripe e o resfriado comuns até enfermidades graves como varíola, raiva, febre amarela, ebola, pólio e aids.

E depois dessa informação está na hora de deixarmos o mundo da vida não visível.

119

Estamos no seguinte pé

Os geólogos tentaram entender a infinidade de fósseis e rochas coletada em todo o mundo. Havia algumas coisas estranhas, que não faziam sentido, porém, resolvendo esse mistério, os cientistas aprenderiam muito mais sobre o que acontece no interior do planeta.

O que sabemos até agora:

- Houve uma época em que as placas tectônicas estavam unidas numa massa enorme, que chamamos de Pangeia.
- A Terra é uma bola quente de rocha derretida com camadas mais frias e crosta dura.
- Os oceanos e a atmosfera que nos cercam ajudam a manter a temperatura da Terra.
- Nos primórdios do planeta a água e os gases propiciaram o surgimento da vida microscópica.
- Micróbios e bactérias são as criaturas vivas mais numerosas e bem-sucedidas do planeta.

O que acontece acima e abaixo da crosta terrestre?

1908 Frank Bursley Taylor explica que os continentes deslizaram e esse deslocamento produziu as cadeias montanhosas.

1912 Alfred Wegener examina os movimentos dos trilobites e sugere que os continentes podem ter se deslocado durante longos períodos.

1935 Os geólogos americanos Beno Gutenberg e Charles Richter criam a escala Richter, que mede a intensidade dos terremotos.

1950–60 Eugene Shoemaker inicia sua importante pesquisa sobre o impacto de asteroides na superfície terrestre.

1963 Matthews e Vine provam que o fundo do mar está se propagando e confirmam o movimento dos continentes, explicado pela tectônica das placas.

1970–80 Walter e Luis Alvarez anunciam que descobriram evidências de um impacto de asteroide que pode ter sido o que eliminou os dinossauros da face da Terra.

Zonas de perigo

Visitamos lugares perigosos em todo o planeta: Lisboa, arrasada pelo terremoto de 1755; Tóquio, na junção de três placas móveis; o St Helens e sua surpreendente erupção; o Parque de Yellowstone, com seus avisos borbulhantes; a enorme cratera deixada em Manson, Iowa; a fossa Mariana, a onze quilômetros de profundidade; e o asteroide Apofis, que ainda vai nos assustar em 2029.

Nosso pontinho

Descobrimos que ocupamos apenas uma pequenina parte da superfície terrestre, pois o restante tem muita água ou muita rocha, é muito alto ou muito baixo, muito quente ou muito frio para nós.

Examinamos o ar e as profundezas oceânicas e vimos que, em ambos, estamos sujeitos a enorme pressão.

Aprendemos que organismos bacterianos são bem mais fortes que nós. Por isso conseguiram sobreviver num planeta inóspito, há bilhões de anos.

E vimos que essas formas bacterianas ainda prosperam — muitas delas em nós!

É preciso admitir: com vulcões e terremotos sacudindo a superfície e asteroides despencando do espaço, temos muita sorte de levar uma vida tão tranquila.

O que não sabemos

Ainda não vimos como as bactérias que emergiram dos antigos mares quentes se tornaram os seres altos, engenhosos e inteligentes que somos nós.

E neste ponto começam nossas próximas investigações. Como tudo isso acabou em nós?

Células cidadãs

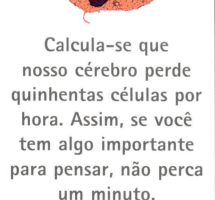

Tudo começa com uma única célula. Ela se divide em duas, as duas em quatro, e assim por diante. Após 47 duplicações, você tem no corpo 140 trilhões de células e já pode se tornar um ser humano.

É maravilhoso

Para construir a célula de levedo mais elementar, você teria de miniaturizar o mesmo número de componentes de um Boeing 777 e colocá-los numa esfera de cinco mícrons de diâmetro. Mas as células de levedo não são nada em comparação com as complexas células humanas.

Você não tem segredo para suas células. Elas sabem muito mais de você que você mesmo. Cada uma possui um manual de instruções de seu corpo e sabe fazer não só o próprio trabalho, como todos os outros trabalhos. Suas células são um país de 10 mil trilhões de cidadãos, e não há nada que elas não façam por você. Elas o habilitam a sentir prazer, pensar, levantar-se, espichar-se, pular. Quando você come, elas extraem os nutrientes, distribuem a energia e eliminam as sobras — também se lembram de deixá-lo, primeiro, com fome e, depois, satisfeito, para que você não se esqueça de comer novamente. Elas mantêm seu cabelo em crescimento, seus ouvidos com cerume, seu cérebro em atividade. Elas o defendem de toda ameaça e não hesitam em morrer por você — bilhões delas morrem diariamente.

Calcula-se que nosso cérebro perde quinhentas células por hora. Assim, se você tem algo importante para pensar, não perca um minuto.

Hoje umas, amanhã outras

As células vivas raramente duram mais de um mês, porém há notáveis exceções. As células do cérebro duram tanto quanto você. Você nasceu com aproximadamente 100 bilhões delas, e não terá novas até o fim da vida. A boa notícia é que os componentes dessas células se renovam constantemente. Aliás, diz-se que não há um único pedacinho de nós — nem mesmo uma molécula extraviada — que estivesse conosco nove anos atrás.

122

Mundo frenético

Se você pudesse visitar uma célula, não iria gostar. Ampliada numa escala em que um átomo fosse mais ou menos do tamanho de uma ervilha, uma célula seria uma esfera de uns oitocentos metros de diâmetro, sustentada por um complexo vigamento, chamado citoesqueleto. Dentro dela, milhões e milhões de objetos — alguns do tamanho de uma bola de basquete, outros do tamanho de um carro — passariam zunindo como balas. Não haveria um lugar onde você pudesse ficar sem que eles o alvejassem e o ferissem de todo lado milhares de vezes, a cada segundo.

Quase todas as suas células são construídas do mesmo jeito: têm um invólucro ou membrana externa, um núcleo que guarda as informações necessárias para seu funcionamento e, entre essas duas partes, um espaço movimentado, chamado citoplasma.

Sua bateria

É uma molécula chamada trifosfato de adenosina, ou ATP, que mantém você funcionando. As moléculas de ATP são pequenas baterias que fornecem energia para todos os processos celulares, e você consome um monte delas. A qualquer momento, uma célula comum de seu corpo conterá cerca de 1 bilhão de moléculas de ATP, e em dois minutos todas terão se esgotado e outro bilhão as terá substituído. Sinta o calor de sua pele. São seus ATPs trabalhando.

Se você separar as células de uma esponja com uma peneira e as despejar numa solução, elas se reunirão para novamente formar uma esponja.

Você pode fazer isso inúmeras vezes, e elas sempre voltarão a se juntar...

Assim como você, eu e qualquer ser vivo, elas têm um impulso irresistível: continuar existindo.

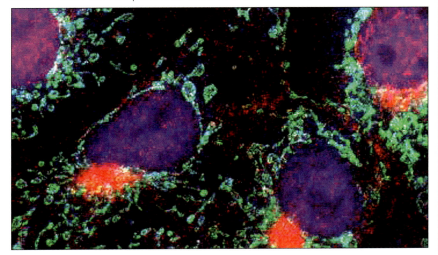

Produção de energia de uma célula.

Quanto tempo você pode ficar?

Um fato curioso de nossa existência é que vivemos num planeta ótimo para promover a vida e ainda melhor para eliminá-la. A espécie típica da Terra dura apenas uns 4 milhões de anos.

Vale lembrar que a espécie humana surgiu há cerca de 2 milhões de anos.

Prepare-se para mudanças

Se você quer ficar alguns bilhões de anos por aqui, tem de estar disposto a mudar em tudo — formato, tamanho, cor, espécie — e mudar muitas vezes. É claro que falar é bem mais fácil que fazer. Para deixar de ser uma bolha unicelular de protoplasma e se tornar um ser humano moderno, pensante, sensível, ereto, você teve de assumir novos traços várias vezes, no momento exato, durante um tempo extremamente longo.

Assim, nos últimos 3,8 bilhões de anos, em diversas ocasiões,

- fugiu do oxigênio e depois se apaixonou por ele;
- teve barbatanas, patas, asas vistosas;
- botou ovos;
- agitou no ar uma língua bifurcada;
- não teve pelos;
  - foi peludo;
    - viveu embaixo da terra;
      - viveu em árvore;
        - foi grande como um cervo;
          - foi pequeno como um rato e um milhão de outras coisas.

você: **Considere-se sortudo**

Se tivesse se desviado minimamente de qualquer um desses estágios evolutivos, hoje você talvez estivesse lambendo algas nas paredes da caverna, refestelando-se como uma morsa numa praia pedregosa ou soltando ar por uma narina no alto da cabeça, antes de mergulhar à cata de uns petiscos.

Nem um de nossos principais ancestrais

foi esmagado

afogou-se

foi devorado

atolou-se

morreu de fome

foi mortalmente ferido

ou se viu impedido, de qualquer outra maneira, de cumprir sua missão: derramar um pequenino jorro de material vital na parceira certa no momento certo.

Você não só teve a sorte de pertencer a uma linha evolutiva privilegiada desde tempos imemoriais, como foi extremamente — miraculosamente, melhor dizendo — feliz em sua ancestralidade pessoal. Ao longo de 3,8 bilhões de anos — um período maior que a idade das montanhas, dos rios e mares da Terra —, cada um de seus antepassados, de ambos os lados, foi atraente bastante para encontrar um parceiro, saudável bastante para reproduzir-se e abençoado bastante pelo destino e pelas circunstâncias para viver o suficiente para fazer isso. Essa continuaria sendo a única sequência possível de combinações hereditárias que acabariam resultando em você.

Vamos fazer de tudo para entender como se deu essa mudança.

Sucesso absoluto

Os trilobites surgiram na Terra há cerca de 540 milhões de anos, quando teria se iniciado a chamada explosão cambriana, a grande irrupção de vida complexa ou multicelular. Milhões de anos depois, desapareceram, junto com muitos outros seres, na misteriosa extinção permiana. Apesar de extintos, estão entre os animais que tiveram mais sucesso na vida.

Nossa sobrevivência, até hoje, corresponde a 0,5% da sobrevivência dos trilobites.

Sem pressa

Os trilobites reinaram por 300 milhões de anos — o dobro dos dinossauros, que também figuram entre os grandes sobreviventes da história. Ao longo desse período, evoluíram rapidamente, em geral mantendo-se pequenos, como os besouros atuais, e desenvolveram um sistema nervoso, antenas sensoriais, um cérebro rudimentar e olhos. Em vez de uma espécie aventureira, havia, no mínimo, 60 mil espécies, que não se limitavam a uma ou duas regiões, mas se espalhavam pelo mundo inteiro.

Bichinhos prolíficos

Em 1909, ao subir uma encosta nas Montanhas Rochosas canadenses, o paleontólogo americano Charles Doolittle Walcott encontrou uma camada de rocha sedimentar que continha um incomparável conjunto de fósseis. O afloramento, chamado Burgess Shale, surgiu há 500 milhões de anos, quando essa área se localizava numa bacia oceânica rasa, ao pé de um penhasco. Na época, os mares fervilhavam de vida, porém os animais em geral não deixaram registro, porque, depois de mortos, seu corpo mole se decompôs. Aqui, porém, o penhasco desabara, e as criaturas que estavam embaixo foram pressionadas como flores num livro, preservando-se com fantásticos detalhes.

Antigos artrópodes

Até 1925, nas viagens que fazia todo verão, Walcott desencavou dezenas de milhares de espécimes, formando uma incrível coleção. Alguns fósseis tinham concha; muitos não tinham. Alguns conseguiam enxergar; outros eram cegos. A variedade era imensa — 140 espécies, numa contagem. Walcott se tornou uma abalizada autoridade em trilobites e foi a primeira pessoa a classificá-los como artrópodes, grupo que inclui os insetos e crustáceos atuais.

Não é fácil ser fóssil

O destino de quase todos os organismos vivos é se decompor lentamente e reduzir-se a nada. Só um osso em 1 bilhão e menos de uma espécie em 120 mil conseguiram entrar para o registro fóssil. O que temos é a menor amostra de toda a vida que a Terra produziu. E uns 95% dessa amostra são de animais que viveram na água, não na terra. As chances de se tornar um fóssil são muito pequenas.

- Primeiro, é preciso morrer no lugar certo. Só uns 15% das rochas conseguem preservar fósseis; assim, não é boa ideia morrer onde haverá granito vulcânico.

- Depois, o candidato a fóssil precisa ser enterrado num sedimento onde possa deixar marca, como uma folha no barro.
- Também precisa se decompor sem exposição ao oxigênio, para que as moléculas dos ossos sejam substituídas por minerais, criando uma cópia do original.

- Precisa ainda manter a forma, enquanto os sedimentos nos quais se encontra são pressionados pelos processos da Terra.
- Por fim, mas acima de tudo, depois de ficar escondido por dezenas de milhões de anos, o fóssil precisa ser encontrado e reconhecido como algo que valha a pena preservar.

Detalhe de um fóssil incrustado na rocha.

Hora de começar

A vida é engraçada. Não via a hora de começar e, depois, não teve pressa nenhuma de avançar. Imagine os 4,5 bilhões de anos da história da Terra como um dia normal de 24 horas. Nesse dia, os organismos unicelulares surgiram lá pelas quatro da madrugada e nada mais aconteceu nas dezesseis horas seguintes.

A vida em 24 horas

O planeta se forma à uma da madrugada, mas é quente e insalubre, nada propício ao surgimento da vida. Lá pelas quatro da manhã, emergem as primeiras formas de vida.

Só pouco antes das 20h30 a Terra tem algo para apresentar: um monte de micróbios agitados.

Às 21h04, os trilobites entram em cena, seguidos pelas criaturas de Burgess Shale. Depois, surgem as primeiras plantas marinhas, vinte minutos mais tarde, os liquens e as primeiras águas-vivas.

Pouco antes das 22, as plantas terrestres começam a pipocar. Logo depois, faltando menos de duas horas para o fim do dia, aparecem as primeiras criaturas terrestres. Graças a uns dez minutos de bom tempo, às 22h24 a Terra está coberta pelas grandes florestas carboníferas, cujos resíduos nos fornecem carvão, e os primeiros insetos alados são visíveis.

Os dinossauros aparecem pouco antes das 23 horas e dominam a cena por cerca de 45 minutos.

Faltando 21 minutos para a meia-noite, eles somem, e tem início a era dos mamíferos. Os humanos surgem 1min17 antes da meia-noite.

Nessa escala, toda a nossa história registrada teria transcorrido em alguns segundos; uma única vida humana mal duraria um instante.

Esperando a vez

Assim como os mamíferos passaram 100 milhões de anos esperando os dinossauros caírem fora para pulular por todo o planeta, os artrópodes e as criaturas posteriores também devem ter aguardado, num anonimato semimicroscópico, o desaparecimento dos organismos de corpo mole encontrados pelos caçadores de fósseis.

A vontade de viver

Se nos dissessem que não teríamos outra coisa para fazer na vida além de recobrir uma pedra, provavelmente perderíamos a vontade de viver. Os liquens não perdem. Eles são, talvez, os organismos visíveis mais resistentes do planeta. Podem prosperar num lugar ensolarado e também onde não há grande competição com outras plantas de crescimento mais rápido. Assim, na Antártica, onde praticamente não há vegetação, você pode encontrar uma infinidade de liquens — quatrocentos tipos, no total —, apegados com devoção a toda rocha batida pelo vento.

Como os liquens crescem em pedras nuas, sem nenhuma fonte visível de alimento e sem produzir sementes, acreditava-se que fossem pedras. Um exame mais atento mostrou que são uma brilhante mistura de fungo e alga. Os fungos excretam ácidos que dissolvem a superfície da rocha, liberando minerais que as algas convertem em alimento para ambos.

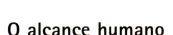

O alcance humano

Talvez você tenha uma ideia mais clara de quão recente é nossa aparição nesse quadro de 4,5 bilhões de anos se estender os braços ao máximo e imaginar essa extensão como a história inteira da Terra.

A distância entre as pontas dos dedos de uma mão e o pulso da outra corresponde ao Pré-cambriano. Toda a vida complexa está numa mão, e com uma lixa de unha você poderia, de um só golpe, erradicar a história humana.

Fora do mar

Como vimos, sempre que a vida faz algo ousado, é um acontecimento — e poucas ocasiões foram mais momentosas do que quando ela avançou um estágio e saiu do mar.

Da frigideira...

O incentivo para mudar era poderoso: viver na água estava se tornando um perigo. Por causa da lenta fusão dos continentes numa única massa de terra, a Pangeia, a região litorânea — e, portanto, o habitat costeiro — se reduzira muito. A competição era feroz. Além disso, entrara em cena um predador onívoro, temível, equipado para o ataque com uma perfeição tal que praticamente não mudou em nada desde que surgiu: o tubarão.

... para o fogo

A terra era inóspita: quente, seca, exposta a intensa radiação ultravioleta e pouco favorável à locomoção. Para viver na terra, as criaturas tinham de passar por uma rigorosa revisão anatômica. Se você pegar um peixe pelas extremidades, ele vai vergar no meio, pois sua espinha dorsal não o sustenta. Para sobreviver fora da água, as criaturas marinhas precisavam de uma estrutura óssea mais forte e apta a carregar peso. Precisavam, principalmente, arrumar um jeito de tirar seu oxigênio direto do ar, e não da água, como antes. Nenhuma dessas coisas podia acontecer da noite para o dia, mas todas aconteceram.

Os primeiros seres moventes visíveis em terra firme se pareciam com os tatuzinhos atuais, esses pequenos crustáceos que ficam tão atarantados quando você levanta uma pedra ou um tronco.

As plantas começaram a colonizar a terra firme há cerca de 450 milhões de anos, e foram acompanhadas de ácaros e outros organismos dos quais precisavam para decompor e reciclar em seu favor matéria orgânica morta.

Os animais maiores demoraram mais a emergir.

Até 400 milhões de anos atrás, nada se movia no solo. Depois, surgiram muitos semoventes.

Respirar

Para quem aprendeu a respirar o oxigênio do ar, estava tudo bem. Nos primórdios da vida na Terra, os níveis de oxigênio deviam chegar a 35% (atualmente estão mais próximos de 20%). Isso permitiu que os animais crescessem muito e com grande rapidez. A indicação mais antiga de um animal terrestre já encontrada é um rastro deixado há 350 milhões de anos por uma espécie de milípede numa rocha da Escócia. Essa criatura tinha mais de um metro de comprimento. Alguns milípedes chegariam a ter mais que o dobro disso.

Os níveis de oxigênio eram altos basicamente porque grande parte da paisagem terrestre era dominada por gigantescos fetos arborescentes e pântanos imensos. Em vez de apodrecer por completo, a vegetação morta se acumulava em sedimentos ricos e molhados, que acabaram se transformando em vastas jazidas de carvão.

Aéreos

Com criaturas enormes à espreita, não admira que, nesse período, os insetos inventassem um modo de se manter a salvo de línguas vorazes: aprenderam a voar. Alguns adotaram essa nova forma de locomoção com tanta facilidade que nunca mais tiveram de mudar sua técnica.

A libélula era do tamanho do corvo. Como agora, deslocava-se a mais de cinquenta quilômetros por hora, parava no ar, planava, voava para trás e também muito mais alto — em proporção ao tamanho — que qualquer uma de nossas máquinas voadoras.

A vegetação atingia proporções gigantescas. A cavalinha e os fetos arborescentes chegavam a quinze metros de altura; o licopódio, a quarenta.

De onde viemos?

Os primeiros animais terrestres dos quais descendemos são um mistério. Muitos são tetrápodes — têm quatro patas, cada uma terminando em cinco dedos, no máximo. Os dinossauros, as baleias, as aves, os humanos — até os peixes — são tetrápodes, o que mostra, claramente, que possuem um ancestral comum. Mas não se encontrou nenhum fóssil que relacione, conclusivamente, os peixes com as criaturas terrestres.

É quase certo que devemos nossa existência a um peixe que decidiu ganhar patas e sair do mar.

A vida na terra

A princípio, havia quatro grandes categorias de répteis. Uma delas logo foi eliminada, outra originou a tartaruga e uma terceira evoluiu para o dinossauro. A quarta reunia criaturas que até pareciam dinossauros, mas eram répteis, e foi um ramo posterior dessa categoria que deu origem aos mamíferos propriamente ditos — e a nós.

Esperando nossa vez

Nem tudo era um mar de rosas, porém. Infelizmente para esse ramo posterior, os dinossauros, seus primos, se revelaram um osso duro de roer. Incapazes de competir com eles, nossos ancestrais praticamente desapareceram. Os que sobraram evoluíram para pequenos mamíferos peludos que viviam em tocas e durante muito tempo aguardaram sua vez. O maior deles não crescia mais que um gato doméstico, e quase todos eram do tamanho de um camundongo. O hadrocódio parecia um ratinho; pesava apenas dois gramas — como um clipe de papel —, mas tinha um cérebro muito grande, em comparação com o de outros animais. O tamanho acabou sendo a salvação desses pequenos mamíferos, mas eles teriam de esperar quase 150 milhões de anos, até que a Era dos Dinossauros terminasse abruptamente.

Grandes sobreviventes

Na verdade, não sabemos muita coisa sobre os dinossauros, dos quais identificamos menos de mil espécies. Eles dominaram o planeta por um tempo que equivale, mais ou menos, ao triplo do domínio dos mamíferos e continuaram sendo numerosos até que um único acontecimento os aniquilou.

Desaparecidos

Ninguém sabe quantas espécies de organismos existiram desde que a vida começou: comumente se fala em 30 bilhões, mas as estimativas já chegaram a 4 trilhões. Seja qual for o total, 99,99% de todas as espécies que um dia viveram no planeta não estão mais aqui.

Cada uma dessas grandes transformações precisou daquele improvável propulsor do progresso: a extinção.

Trilha de dinossauros, com pegadas fósseis que remontam ao Jurássico inferior.

Idas e vindas

A Terra passou por cinco grandes extinções ao longo de sua história. Cerca de 80% a 85% das espécies desapareceram no Ordoviciano e outros tantos no Devoniano. O Triássico e o Cretáceo aniquilaram entre 70% e 75% das espécies.

A maior extinção

Mas a extinção em massa, que preparou a cena para os dinossauros, ocorreu no Permiano. Pelo menos 95% dos animais conhecidos a partir do registro fóssil se extinguiram. Os trilobites sumiram. Os moluscos e os ouriços-do-mar quase desapareceram. Cerca de um terço das espécies de insetos sucumbiu.

O que foi isso?

Em quase todos os casos, nas grandes e nas pequenas extinções, a causa principal nos escapa. Pode ter sido aquecimento global, resfriamento global, alteração nos níveis do mar, perda de oxigênio nos mares, epidemias, vazamentos gigantescos de metano no fundo do mar, impactos de meteoros e cometas, furacões avassaladores, explosões solares ou erupções vulcânicas. Além disso, os cientistas não chegam a um acordo sobre a duração de certas extinções: milhões de anos, milênios, um dia.

Grandes perdas

Ordoviciano (440 milhões de anos): os conodontes desaparecem, juntamente com alguns trilobites.

Devoniano (365 milhões de anos): os placodermos, peixes providos de forte mandíbula e couraça, desaparecem.

Permiano (245 milhões de anos): os pelicossáurios desaparecem.

Triássico (210 milhões de anos): quase todos os répteis marinhos desaparecem.

Cretáceo (65 milhões de anos): os tiranossauros desaparecem.

A extinção KT

Entre os milhares de impactos meteóricos que a Terra suportou, por que o chamado evento KT, que ocorreu há 65 milhões de anos, foi tão devastador? Primeiro, porque foi realmente enorme. Teve a força de 100 milhões de megatons — o que é mais que uma bomba de Hiroshima para cada pessoa viva atualmente. E por que todos os dinossauros morreram, enquanto outros répteis, como cobras e crocodilos, resistiram? Morar na água, protegido do calor e do fogo, era uma vantagem. Todos os animais terrestres que sobreviveram sempre se refugiavam na água ou no subsolo em momentos de perigo, e, de modo geral, os animais grandes sucumbiram, enquanto os pequenos e ágeis escaparam.

Megamamíferos e grandes aves

Extintos os dinossauros, os mamíferos se expandiram. Durante algum tempo, houve porquinho-da-índia do tamanho de rinoceronte e rinoceronte do tamanho de um sobrado. O carnívoro titanis não voava, porém era o pássaro mais assustador que já existiu. Gigantesco — tinha mais de dois metros de altura e pesava até 150 quilos —, podia, com uma bicada, arrancar a cabeça de quem o irritasse.

Sem cavalo

Entre uma grande devastação e outra, houve extinções menores e menos conhecidas que, em geral, afetaram determinadas populações. Por exemplo: há cerca de 5 milhões de anos, o cavalo e outros animais que pastam quase foram eliminados.

Descobrimos três coisas a respeito da vida:

- ela tem uma forte vontade de existir;
- nem sempre quer muita coisa;
- e de quando em quando se extingue.

Podemos acrescentar um quarto item: a vida continua, muitas vezes de modo surpreendente.

Rotulando a vida

Com o tempo, à medida que cresciam as coleções de exemplares da fauna e flora do mundo inteiro, surgiam novas informações para serem arquivadas, organizadas e comparadas com o que já se conhecia. Era preciso criar um método funcional de identificação e denominação — um sistema de classificação eficiente.

Rosa sylvestris alba cum rubore, folio glabro.

Rosa canina.

Os nomes da rosa

No início da década de 1730, o botânico sueco Carolus Linnaeus, mais conhecido como Lineu, começou a catalogar as espécies vegetais e animais do mundo, usando um sistema que ele mesmo criara, e pouco a pouco se tornou famoso. Antes disso, as plantas recebiam nomes compridos e pedantes. *Physalis amno ramosissime ramis angulosis glabris foliis dentoserratis*, por exemplo, era o nome do fisális comum, que Lineu reduziu para *Physalis angulata*. E havia discrepâncias. Um botânico não podia ter certeza de que a *Rosa sylvestris alba cum rubore, folio glabro* era a mesma que seus colegas chamavam de *Rosa sylvestris inodora seu canina*. Lineu acabou com a confusão, chamando-a simplesmente de *Rosa canina*. A cada espécie ele deu um nome com dois termos: o sobrenome, ou nome da família, e o prenome, ou nome da espécie.

Tudo em ordem

O sistema de Lineu está tão consolidado que é difícil imaginar uma alternativa, mas, antes dele, os sistemas de classificação geralmente eram bem fantasiosos. Os animais podiam ser classificados de acordo com sua condição de selvagens ou domesticados, terrestres ou aquáticos, grandes ou pequenos, e até bonitos e nobres ou insignificantes. Lineu assumiu como projeto de vida consertar isso, classificando toda criatura viva segundo seus atributos físicos. A taxonomia — ou ciência da classificação — continuaria avançando.

Quanto à baleia...

No começo, Lineu pretendia dar a cada planta só um nome — do gênero — e um número: Samambaia 1, Samambaia 2, e por aí afora. Mas logo percebeu que não bastava. Acabou denominando cerca de 13 mil espécies de plantas e animais; porém o que o sistema tem de especial é a coerência, a ordem, a simplicidade, a propriedade. Ele percebeu que a baleia, assim como a vaca, o camundongo e outros animais terrestres comuns, pertence à ordem *Quadrupedia* (posteriormente *Mammalia*) — o que ninguém tinha visto até então.

Plantas e animais

Originalmente, Lineu estipulou três reinos em seu esquema: Plantas, Animais e Minerais (que foi abandonado há muito tempo). O mundo animal se dividia em seis categorias: mamíferos, répteis, aves, peixes, insetos e vermes (na qual ele colocou tudo que não cabia nas outras cinco). Posteriormente, os cientistas acrescentaram três novos reinos: *Monera*, para formas como bactérias; *Protista*, para os protozoários e a maioria das algas; e *Fungi*.

Seus rótulos

Lineu registrou toda criatura viva com nomes que abrangem desde a espécie até a origem. Você é:

- da espécie *Homo sapiens*
- do gênero *Homo*
- da família dos *Hominidae*
- da ordem dos *Primates*
- da classe dos *Mammalia*
- do filo dos *Chordata*
- do reino dos *Animalia*
- e do domínio dos *Eukaryota*

Princeps Botanicorum

Pouca gente terá convivido tão bem com a própria grandeza quanto Lineu. Ele declarou que nunca existiu "botânico ou zoólogo maior" e que seu sistema de classificação era "a maior conquista da ciência". Modestamente, sugeriu que se gravasse em sua lápide a inscrição *Princeps Botanicorum*, "Príncipe dos Botânicos". Não era prudente questioná-lo a respeito disso. Os que se atreviam a tanto podiam contar que alguma erva daninha receberia seu nome.

Não dá para contar?

Apesar do admirável trabalho de Lineu, não temos a menor ideia do número de seres que vivem em nosso planeta. As estimativas variam de 3 milhões a 200 milhões de espécies, mas é possível que 97% das espécies animais e vegetais do mundo ainda estejam por descobrir. Por quê?

Um punhado de vida

Vá até o bosque — qualquer bosque — e pegue um punhado de terra. Você estará segurando até 10 bilhões de bactérias, das quais a ciência desconhece a maioria.

Sua amostra conterá, talvez, 1 milhão de roliços levedos, uns 200 mil fungos, ou mofo, cerca de 10 mil protozoários (o mais conhecido dos quais é a ameba) e diversos platelmintos, nematódeos e outras criaturas microscópicas, coletivamente chamadas de *Cryptozoa*. Grande parte delas também será desconhecida.

Pequenos demais

Já vimos que a maioria dos seres vivos da Terra é microscópica. O que talvez não seja tão mau. Você provavelmente não dormiria tão bem se soubesse que seu colchão abriga, talvez, 2 milhões de ácaros microscópicos, que saem de madrugada para se regalar com seus óleos e com todas as crocantes lascas de pele que você solta quando dorme. Seu travesseiro sozinho abriga, possivelmente, 40 mil ácaros. Na verdade, se ele tem seis anos de existência, calcula-se que um décimo de seu peso corresponda a "pele solta, ácaros vivos, ácaros mortos e excrementos de ácaros". (Mas pelo menos os ácaros são *seus*!)

Distantes demais

Ainda não encontramos muitas espécies provavelmente porque não procuramos no lugar certo. Um botânico que passou alguns dias vasculhando uma pequena área de uma floresta, em Bornéu, descobriu mil espécies novas de uma planta florida — mais do que existem em toda a América do Norte. Não era uma planta difícil de se encontrar; acontece que, até então, ninguém tinha procurado por lá. As florestas tropicais cobrem apenas 6% da superfície terrestre, porém abrigam mais da metade da vida animal e dois terços das plantas existentes no planeta — e em sua maior parte continuam desconhecidas.

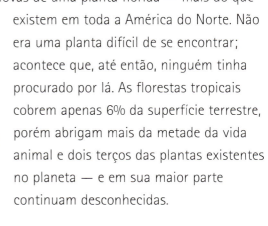

Pesquisadores de menos

A quantidade de coisas a serem encontradas, examinadas e registradas supera em muito o número de cientistas disponíveis. Veja os bdeloideos rotíferos, animais microscópicos pouco conhecidos que sobrevivem a quase tudo. Em condições adversas, eles se enrolam como bolas, desligam o metabolismo e esperam dias melhores. Você pode jogá-los em água fervente ou congelá-los a zero absoluto, e, terminada a sessão de tortura, eles se desenrolam e saem andando, como se nada tivesse acontecido. Até agora identificamos umas quinhentas espécies de bdeloideos, mas não imaginamos quantos existem no total — decerto porque podemos contar nos dedos de uma mão as pessoas que se interessam por eles.

Espaço demais para revistar

Estima-se que cerca de 30 mil ocapi, o parente mais próximo da girafa, vivem nas florestas tropicais do Zaire, na África. Apesar de sua imagem ter sido gravada por volta de 480 a.C. numa parede de Persépolis, na antiga Pérsia, até o século XX ninguém desconfiava de sua existência. A notórnis, grande ave não voadora da Nova Zelândia, foi considerada extinta durante duzentos anos, até que alguém a encontrou, bem viva, numa área acidentada da Ilha do Sul. Em 1995, uma equipe de cientistas franceses e ingleses que se perdeu durante uma nevasca num vale remoto do Tibete deparou com uma raça de cavalo chamada riwoche que até então só se conhecia através de pinturas rupestres.

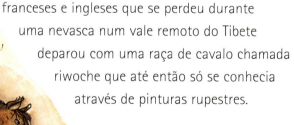

Centopeias desaparecidas

Na década de 1980, um grupo de exploradores entrou numa caverna da Romênia que permanecera isolada do mundo por muito tempo e encontrou 33 espécies de insetos, além de outros bichinhos — aranhas, centopeias, piolhos —, todos cegos, sem cor e novos para a ciência. Eles viviam dos micróbios existentes na superfície das poças e fontes de água quente.

A impossibilidade de investigar tudo pode ser frustrante, mas também é empolgante. Nosso planeta tem uma infinita capacidade de nos surpreender.

Viagem para o futuro

Em meados do século XIX, o naturalista Charles Darwin teve o que se considerou "a melhor ideia isolada que alguém já teve" — e trancou-a na gaveta pelos quinze anos seguintes.

A chance de uma vida

Charles Darwin estava destinado à carreira eclesiástica, mas um dia recebeu uma oferta inesperada e tentadora: um convite para embarcar no *Beagle*, um navio de pesquisa encarregado de mapear as águas costeiras da América do Sul. Sob todos os aspectos, a viagem foi um sucesso. Darwin viveu aventuras para uma vida inteira e reuniu uma coleção de espécimes suficientes para fazer sua fama e mantê-lo ocupado durante anos. Ele encontrou uma verdadeira mina de fósseis gigantescos, que incluíam o melhor megatério — uma espécie de preguiça terrícola gigante — descoberto até hoje; sobreviveu a um terremoto letal no Chile; identificou uma nova espécie de golfinho; realizou importantes investigações geológicas nos Andes; e elaborou uma admiradíssima teoria sobre a formação dos recifes de coral.

A vida é uma luta

Aos 27 anos, Darwin voltou para casa, pôs-se a refletir sobre o que tinha visto e concluiu que para a maioria das espécies a vida é uma eterna luta pela sobrevivência. Concluiu também que algumas espécies prosperam e transmitem essa vantagem aos descendentes, aprimorando-se continuamente, enquanto outras decaem e morrem. Ele demorou algum tempo para concatenar as ideias. Como precisava classificar caixotes e mais caixotes de espécimes, só em 1842, cinco anos após seu retorno à Inglaterra, finalmente começou a esboçar sua nova teoria.

O homem e o macaco

A ideia que, para todo mundo, constitui a base da teoria de Darwin — o homem descende do macaco — é apenas mencionada rapidamente em sua obra. Mesmo assim, ele a manteve em segredo, assim como toda a sua teoria, porque sabia que provocaria uma tempestade. Talvez o manuscrito tivesse permanecido trancado até sua morte se o jovem naturalista Alfred Russel Wallace não tivesse lhe enviado uma carta, esboçando uma teoria da seleção natural curiosamente semelhante a suas anotações secretas.

Durante algum tempo, os dois homens se corresponderam. Mais de uma vez, Wallace generosamente enviou a Darwin espécimes que poderiam interessar-lhe. Naturalmente, não tinha ideia de que a teoria que estava prestes a publicar era quase idêntica à que Darwin andara desenvolvendo ao longo de duas décadas.

A origem das espécies

Darwin se viu obrigado a apresentar sua obra, e, em julho de 1858, ambos expuseram ao mundo suas teorias. A teoria de Darwin descreve o mecanismo que permite a uma espécie tornar-se mais forte ou melhor — numa palavra, mais apta. A ideia irritou muita gente, em especial quem encontrava nos textos religiosos a explicação sobre as origens do homem.

Muito depois, Darwin publicou *A descendência do homem*, em que expressa sua convicção de que somos parentes dos macacos. Era uma conclusão ousada, não havendo registro fóssil que a fundamentasse. Na época, os únicos restos humanos primitivos eram os famosos ossos de Neandertal, na Alemanha, e alguns fragmentos duvidosos de mandíbulas encontrados em outros lugares. Tudo somado, *A descendência do homem* é mais polêmico que *A origem*, porém, quando surgiu, o mundo era menos sensível e seus argumentos causaram menor comoção.

O mundo científico parecia pronto para reconhecer nossa origem — mas ainda não sabia como se dá o processo. Estava prestes a descobrir.

O monge tranquilo

Mendel trabalhou com ervilhas porque elas se reproduzem rapidamente e têm traços simples — características bem visíveis, como cor e formato.

Darwin acreditava que qualquer traço forte que surge numa geração de uma espécie se transmitiria às gerações seguintes e, com o tempo, fortaleceria a espécie. Mas uns e outros argumentavam que, com a transmissão, o traço se diluiria e enfraqueceria. Darwin não sabia que, num lugar pacato da Europa central, um monge solitário chamado Gregor Mendel logo provaria que ele estava certo.

Filho de humildes camponeses, Mendel nasceu em 1822, no que hoje é a República Tcheca. Além de monge interessado em jardinagem, também era cientista — estudou física e matemática e incluía a disciplina científica em tudo que fazia. O mosteiro de Brno era conhecido como uma instituição culta. Tinha uma biblioteca de 20 mil livros e uma sólida tradição científica.

Uma estufa-laboratório

Antes de começar seus experimentos, Mendel passou dois anos preparando seus espécimes de controle, sete variedades de ervilha, para obter reproduções precisas. Com dois assistentes em tempo integral, produziu e cruzou híbridos de 30 mil ervilhas. Era um trabalho delicado. Tinham de evitar a fecundação cruzada e anotar toda e qualquer variação no crescimento e no aspecto de sementes, vagens, folhas, caules e flores.

Como ervilhas na vagem

Mendel demonstrou que cada semente contém dois "fatores" — um dominante e um recessivo — de ambos os "pais" e que, combinados, esses fatores produzem padrões previsíveis de hereditariedade. Hoje sabemos que seu trabalho lançou a base de nosso atual conhecimento dos genes — as partes de nossos cromossomos que nos tornam, ao mesmo tempo, iguais e diferentes. Mendel descobriu o segredo dos traços hereditários, o motivo pelo qual somos como nossos pais: altos, baixos, gordos, magros e, geralmente, muito parecidos com o restante da família. Ele nunca usou o termo "gene", que ainda não existia, mas inventou a ciência da genética.

De novo, aves e abelhas

Mendel passou oito anos ocupado com as ervilhas; depois, confirmou os resultados por meio de experiências com flores, milho e outros vegetais. Sua abordagem era rigorosamente científica. Quando expôs suas conclusões num encontro da Sociedade de História Natural de Brno, em 1865, a plateia de umas quarenta pessoas ouviu polidamente, mas não se empolgou. Os grandes botânicos da época também não perceberam que Mendel realizara uma façanha, ao explicar por que somos o que somos. Frustrado, o monge se recolheu ao mosteiro, onde se tornou abade e cultivou uma horta incomum, enquanto estudava abelhas, camundongos e manchas solares, entre outras coisas.

Dois grandes homens

Os estudos de Mendel ficaram praticamente esquecidos até 1900, quando foram redescobertos por alguns cientistas, e logo começaram a receber o merecido reconhecimento. Darwin percebeu que todos os seres vivos estão relacionados e que sua ancestralidade remonta, essencialmente, a uma única fonte comum; a obra de Mendel nos permite entender a hereditariedade que está por trás disso. Juntos, eles lançaram, sem saber, as bases de todas as ciências da vida no século xx.

É incrível: cem anos atrás, nem as melhores cabeças científicas conseguiriam explicar para você de onde vêm os bebês. Vamos descobrir.

Uma família grande e feliz

Se seus pais não tivessem se unido quando se uniram — naquele segundo ou até naquele nanossegundo —, você não estaria aqui. E, se os pais deles não tivessem se unido do mesmo jeito, você não estaria aqui. E, se os pais dos pais deles, e os pais dos pais dos pais deles, e assim por diante, não tivessem feito a mesma coisa, você não estaria aqui.

Somos todos curiosamente parecidos. Compare seus genes com os de qualquer pessoa e verá que, na média, 99,9% deles são iguais. É isso que faz de nós uma espécie.

Querido tio William...

Quanto mais você recuar no tempo, mais vão crescer essas dívidas para com seus ancestrais. Se você recuar apenas oito gerações, até a época em que Charles Darwin e Abraham Lincoln nasceram, verá que sua existência se deve à união de mais de 250 pessoas. Se for até os tempos de Shakespeare, encontrará nada menos que 16 384 antepassados seus. Recue vinte gerações de sua família, e o número de pessoas que tiveram filhos em seu benefício é de 1 048 576. Cinco gerações mais para trás, esse número sobe para 33 554 432, e por aí afora. Você já percebeu que sua existência demandou um bocado de energia.

Num passado com tantos milhões de ancestrais terá havido muitas ocasiões em que um parente do lado materno procriou com um primo distante do lado paterno. Na verdade, a maioria das pessoas que você vê num ônibus, num parque, numa lanchonete ou em qualquer outro lugar movimentado muito provavelmente é parente seu.

No sentido mais simples, todos nós somos parentes.

O olho da mosca

Coube ao cientista americano Thomas Hunt Morgan provar que os cromossomos são cruciais para a hereditariedade. Em 1908, ele começou a estudar a pequenina e delicada mosca-das-frutas. Como espécime de laboratório, a mosca-das-frutas oferece algumas vantagens: não custa quase nada em termos de casa e comida, pode se reproduzir aos milhões nas garrafas de leite, passa do ovo à atividade reprodutiva em dez dias ou menos e tem só quatro pares de cromossomos.

Morgan e sua equipe cruzaram e hibridaram milhões de moscas, pegando cada uma com pinça e examinando-a para detectar eventuais diferenças de hereditariedade, por mínimas que fossem. Durante seis anos, eles tentaram modificar as moscas, submetendo-as ao raio X, criando-as sob luz intensa ou na escuridão, aquecendo-as no forno, girando-as loucamente — mas nada funcionou. Morgan estava para desistir quando surgiu uma mosca de olhos brancos, e não vermelhos, como seria normal. Agora ele podia reproduzir esse traço em sucessivas gerações e provar que os cromossomos estão na essência da hereditariedade.

Desemaranhando a cadeia

Você tem 10 mil trilhões de células. Cada uma tem um núcleo. Cada núcleo contém 46 cromossomos, dos quais você herdou 23 de sua mãe e 23 de seu pai. Cada cromossomo contém partículas filiformes, feitas de uma maravilha química chamada ácido desoxirribonucleico, ou DNA. Noventa e sete por cento de seu DNA se compõem de longos fios confusos e sem sentido, que apenas cá e lá apresentam partes que controlam funções vitais. São os genes, há tanto tempo elusivos.

Tire a casca...

Mais de 60% dos genes humanos são os mesmos da mosca-das-frutas. Somos parentes bem próximos das frutas e das hortaliças. Por exemplo, cerca da metade das funções químicas que ocorrem numa banana são as mesmas que ocorrem em você.

Temos entre 20 mil e 25 mil genes, mais ou menos o mesmo número existente na relva. O importante não é o número de genes, mas o que fazemos com eles.

núcleo
cromossomos
partículas filiformes de DNA

A cadeia da vida

Manuseando pedaços de cartolina recortados no formato dos quatro componentes químicos do DNA, os cientistas Francis Crick e James Watson descobriram que eles se encaixam aos pares. A partir dessa descoberta, em 1953, só demoraram um dia ou dois para fazer uma maquete — talvez a mais famosa da ciência moderna — com placas de metal dispostas em espiral. Foi, sem dúvida, um brilhante trabalho de detetive, pelo qual receberam o prêmio Nobel.

A dupla hélice

Um código secreto

Crick e Watson acreditavam que, se descobrissem a forma da molécula do DNA, conseguiriam ver como ela funciona. A forma, como hoje sabemos, é de uma escada espiral: a famosa dupla hélice. O DNA é muito simples, na verdade. Tem apenas quatro componentes básicos — o que equivale a ter um alfabeto de quatro letras.

Os componentes se unem aos pares e de modos específicos para criar os "degraus", e a ordem em que fazem isso, subindo ou descendo a escada, forma o código do DNA. Já que você pode combiná-los de várias maneiras, como faz com os pontos e traços do código Morse, acaba tendo 3,2 bilhões de letras de código, suficientes para fornecer um número quase inimaginável de combinações possíveis ($10^{1\,920\,000\,000}$, se você quer saber).

Evidência vitalícia

O DNA em si não tem vida. Nenhuma molécula tem, mas o DNA é especialmente "não vivo". É por isso que se consegue coletá-lo em manchas de sangue que secaram há muito tempo, para investigar um crime, e em ossos antigos, para datar povos pré-históricos.

Do DNA à proteína

A descoberta de grandes quantidades de DNA em cada célula humana tem mais de um século, porém achava-se que ele não tinha grande serventia. Mais tarde, relacionou-se o DNA à produção de proteínas, um processo crucial para a vida. No entanto, como as proteínas são produzidas *fora* do núcleo das células, ninguém entendia como o DNA podia lhes enviar mensagens.

Hoje sabemos que o ácido ribonucleico, ou RNA, atua como um intérprete entre eles. O DNA e as proteínas não falam a mesma língua; é como se um falasse hindi e o outro, espanhol. Para se comunicar, eles precisam de um mediador, que vem a ser o RNA. Trabalhando com uma espécie de ajudante químico chamado ribossomo, o RNA traduz a informação do DNA de uma célula em termos que as proteínas conseguem entender e cumprir.

O DNA existe por um único motivo: criar mais DNA. E dentro de você há um monte de DNA: quase dois metros espremidos no interior de praticamente cada célula, talvez uns 20 bilhões de quilômetros no total.

Agora que sabemos do que somos feitos, vamos ver onde começamos.

Quente e frio

Já vimos que nossa sobrevivência requer um clima nem muito quente, nem muito frio. Enquanto a Terra se desloca pelo espaço, sua inclinação e sua órbita ao redor do Sol se alteram. Isso afeta a intensidade da luz solar nas várias partes do globo e provoca ondas de calor e frio.

O clima e o zelador

Devemos essa informação não a um renomado cientista, mas a um humilde zelador. Nascido em 1821, James Croll trabalhou como carpinteiro, corretor de seguros e gerente de hotel, até se tornar zelador de uma universidade, em Glasgow, Escócia. Ali passava muitas noites tranquilas na biblioteca, aprendendo física, mecânica e astronomia. E um dia começou a produzir uma série de textos sobre os movimentos da Terra e seus efeitos sobre o clima.

Croll foi o primeiro a dizer que mudanças cíclicas na forma da órbita terrestre — que passa de elíptica (ou seja, ligeiramente oval) para quase circular e depois volta a ser elíptica — poderiam explicar o vaivém das eras glaciais.

Gelo e oscilação

O sérvio Milutin Milankovitch, engenheiro mecânico, resolveu averiguar se haveria uma relação entre esses ciclos complexos e as idas e vindas das eras glaciais. Os geólogos diziam que as eras glaciais do passado tiveram durações muito diferentes — cerca de 20 mil, 40 mil e 100 mil anos, respectivamente. Para determinar como e quando elas começaram e terminaram seria necessário um monte de cálculos matemáticos.

Era o tipo de coisa que Milankovitch adorava. Nos vinte anos seguintes, manejando, sem parar, o lápis e a régua de cálculo, ele computou as tabelas de seus ciclos — trabalho que atualmente se poderia fazer em um dia ou dois com a ajuda do computador. Publicado em 1930, seu livro mostra que realmente existe uma relação entre as eras glaciais e a oscilação planetária.

Gelo de verão

O meteorologista Wladimir Köppen, alemão de origem russa, concluiu que as eras glaciais foram causadas por verões frios, e não por invernos rigorosos. Se os verões são tão frios que não derretem toda a neve, a superfície branca reflete mais luz solar, esfriando mais o planeta e favorecendo mais nevadas. À medida que a neve se acumula sobre o gelo, a região fica mais fria, o que resulta em mais gelo.

Montanhas de gelo móvel

As eras glaciais recentes parecem modestas, mas é evidente que foram enormes, pelos padrões atuais. As camadas de gelo deviam ter oitocentos metros de espessura. Imagine ficar na base de uma parede de gelo dessa altura. Atrás dela, numa área de milhões de quilômetros quadrados, só havia gelo e mais gelo, com um e outro cume mais alto emergindo cá e lá. Continentes inteiros baixaram sob o peso de tanto gelo e mesmo hoje, 12 mil anos depois do desaparecimento das geleiras, ainda estão voltando à antiga posição.

Tempo de frio

Durante a maior parte de sua história e até uma época relativamente recente, a Terra em geral era quente, sem gelo perene em lugar nenhum. Hoje, porém, vivemos numa era glacial que começou há cerca de 40 milhões de anos e variou de péssima a razoável. Estamos numa das poucas fases razoáveis.

Nossa era glacial

No auge da última glaciação, há cerca de 20 mil anos, uns 30% da superfície terrestre estavam sob gelo; 10% ainda estão. Três quartos de toda a água doce do globo ainda têm forma de gelo, e há calotas de gelo nos polos — uma situação que talvez seja única na história da Terra. Invernos com neve em grande parte do mundo e geleiras permanentes até em locais de clima ameno, como a Nova Zelândia, podem parecer normais, porém são excepcionais para nosso planeta.

Gélidos altos e baixos

Um frio intenso ocorreu há uns 2,2 bilhões de anos.

Seguiu-se um calor que durou cerca de 1 bilhão de anos.

Então sobreveio mais uma era glacial, ainda maior que a primeira, causando o período conhecido como Terra Bola de Neve. Parece que nos últimos 2,5 milhões de anos houve pelo menos dezessete episódios glaciais intensos.

Há cerca de 12 mil anos, a Terra começou a aquecer — rapidamente.

Previsão — mais frio pela frente

Estamos agora num desses períodos de clima relativamente ameno que ocorrem nas eras glaciais e são chamados de interglaciais. Na verdade, é só por causa dessa fase de bom tempo que nós, humanos, conseguimos nos desenvolver. Não há motivo, porém, para pensar que esse clima quente perdure. Alguns cientistas acreditam que vamos enfrentar muito frio.

É natural imaginar que o aquecimento global contrabalance a tendência da Terra de retornar às condições da era glacial. Mas, com o aquecimento global, é possível que muito gelo derreta e não se formem novas geleiras. Se todo o gelo do planeta derretesse, o nível do mar subiria cerca de sessenta metros, e todas as cidades costeiras do mundo submergiriam. Mas o quadro é confuso: segundo alguns dados, a elevação na temperatura da Terra está começando a provocar o derretimento da camada de gelo da Antártica Ocidental (nos últimos cinquenta anos, as águas locais aqueceram uns 2,5ºC), porém outra pesquisa indica um recente *aumento* de gelo na região.

Não sabemos o que é mais provável: um futuro de frio mortal ou de calor escaldante. Só uma coisa é certa: chegamos a um ponto crítico.

As eras glaciais não são um desastre para o planeta. Elas estimulam a migração e a mudança. Tendo isso em mente, está na hora de ver uma espécie de macaco que soube aproveitá-las.

Depois, esfriou muito, abruptamente, e permaneceu gelada por cerca de mil anos.

Por fim, aqueceu novamente, e hoje vivemos num desses poucos períodos mais quentes.

Mas devem ocorrer ainda umas cinquenta eras glaciais, cada uma durando uns 100 mil anos, antes de haver um longo degelo.

Crânios e ossos

Modelo do homem de Java, baseado nos fragmentos de crânio que Dubois encontrou.

Pouco antes do Natal de 1887, o jovem holandês Eugène Dubois desembarcou na Sumatra, nas Índias Orientais holandesas, com a intenção de encontrar os restos humanos mais antigos da Terra. Tinha apenas um palpite. E o extraordinário, até mesmo prodigioso, é que ele encontrou o que procurava.

Uma brilhante conclusão

Dubois começou sua busca com a ajuda de cinquenta presidiários locais. Durante um ano, eles escavaram na Sumatra; depois, foram para a ilha de Java. E ali a equipe de Dubois (ele mesmo raramente visitava as escavações) encontrou um fragmento de um antigo crânio humano. Era só uma pequena parte, porém mostrava que o dono tinha feições claramente não humanas e o cérebro muito maior que qualquer macaco. Dubois o chamou de *Anthropithecus erectus* e proclamou-o o elo perdido entre macacos e homens. Popularmente conhecido como "o homem de Java", o *Anthropithecus* hoje é chamado de *Homo erectus*.

No ano seguinte, a equipe de Dubois encontrou um fêmur praticamente inteiro e surpreendentemente atual. Provavelmente era, mas serviu para Dubois afirmar — com acerto, como soubemos depois — que o *Anthropithecus* caminhava na postura ereta. A partir de um pedaço de crânio e um dente, Dubois produziu um modelo incrivelmente acurado do crânio completo.

Escavando aqui...

No final de 1924, encontrou-se na borda do deserto de Kalahari, na África, um crânio de criança quase completo, com o rosto intacto, a mandíbula inferior e a caixa craniana. Os arqueólogos perceberam de imediato que esse crânio era de um ser anterior ao homem de Java e mais parecido com o macaco. Dataram-no de 2 milhões de anos e o chamaram de *Australopithecus africanus*, ou "Homem macaco africano do sul".

Depois, na China, o canadense Davidson Black, amador talentoso, começou a vasculhar uma certa colina do Osso do Dragão, famosa na região como jazida de ossos antigos. Black encontrou um molar fossilizado e, com base nesse único achado, anunciou a descoberta do *Sinanthropus pekinensis*, que logo se tornou conhecido como "homem de Pequim".

... e ali

Nos anos seguintes, à medida que se descobriam mais ossos, surgiam mais nomes — *Homo aurignacensis*, *Australopithecus transvaalensis*, *Paranthropus crassidens*, *Zinjanthropus boisei* e muitos outros, quase todos envolvendo um novo tipo ou uma nova espécie. Na década de 1950, havia mais de cem tipos hominídeos denominados.

De onde viemos

Nos primeiros 99,87% de nossa história como organismos, tivemos a mesma linhagem dos chimpanzés. Não sabemos quase nada sobre os chimpanzés pré-históricos, mas éramos o que eles eram. Depois, há cerca de 7 milhões de anos, algo importante aconteceu. Um grupo de novos seres saiu das florestas tropicais da África e começou a circular pelos campos. Eram os australopitecinos.

Nos 5 milhões de anos seguintes, os australopitecinos seriam os principais hominídeos do mundo.

Lucy

Os restos mais famosos de um australopitecino têm 3,18 milhões de anos. São de um esqueleto encontrado em 1974 na Etiópia e conhecido como Lucy. Segundo alguns, Lucy é nossa ancestral mais antiga, o elo perdido entre macacos e homens.

Restos pequeninos

Lucy era baixinha — tinha pouco mais de um metro de altura. Podia caminhar, porém não se sabe com que desenvoltura. Evidentemente era boa de escalada. Pouco mais se sabe. Como não sobrou muita coisa de seu crânio, pouco se pode afirmar, com segurança, sobre o tamanho de seu cérebro — os fragmentos existentes sugerem que era pequeno.

O corpo humano tem 206 ossos, porém muitos se repetem. Tendo o fêmur esquerdo de um espécime, você não precisa do direito. Lucy tem só 20% de um esqueleto completo. Era baixinha, mas não sabemos ao certo se era fêmea.

Muitos questionam a relação entre ela e nós. Achados mais recentes levantam a possibilidade de que criaturas como Lucy se extinguiram e descendemos de outra linhagem. Em 2002, um esqueleto de australopiteco com presumíveis 7 milhões de anos se tornou o hominídeo mais antigo já encontrado. Era de uma criatura bem primitiva, mas que caminhava na postura ereta — prova de que os hominídeos andavam assim muito antes do que se pensava até então.

O esqueleto de Lucy.

Andando com as duas pernas

Passar de quatro patas para dois pés envolve esforço e riscos. É preciso reformular a pélvis para sustentar todo o peso do corpo. Para isso, o canal vaginal tem de ser relativamente estreito. O que, no parto, implica muita dor para a parturiente e maior risco de fatalidade para a mãe e o filho. Ademais, para que a cabeça do bebê passe por um canal tão estreito, ele precisa nascer enquanto seu cérebro ainda é pequeno — e, portanto, ele mesmo ainda é indefeso. Isso significa que vai exigir cuidados por um longo período e que macho e fêmea precisam ficar juntos por mais tempo para criá-lo.

Encarando os perigos

Então, por que Lucy e sua espécie desceram das árvores e saíram das florestas? Provavelmente não tiveram escolha. O mundo passava por uma era glacial rigorosa que afetou até a África oriental, e a proteção da selva desapareceu, na medida em que a região se converteu numa vasta campina. Com isso, os primeiros hominídeos obviamente ficaram muito mais expostos. Os hominídeos eretos enxergavam melhor, porém eram presa fácil de todo animal grande mais forte, mais rápido e com mais dentes. Hoje, quando atacados, temos apenas duas vantagens: bom cérebro e mãos para arremessar objetos lesivos.

A fim de sobreviver, Lucy e seus semelhantes australopitecinos devem ter desenvolvido a inteligência rapidamente. No entanto, por mais de 3 milhões de anos seu cérebro não cresceu e não há sinal de que usassem nem sequer as ferramentas mais simples. O estranho é que durante 1 milhão de anos os australopitecinos conviveram com outros hominídeos que usavam ferramentas.

Cérebro grande

Durante muito tempo pensou-se que havia uma relação direta entre o cérebro grande e a postura ereta, mas fósseis de australopitecinos mostraram que não existe relação nenhuma. O cérebro grande pode ser mera decorrência de um acidente na evolução.

Crânio de *Homo sapiens neanderthalensis*

Crânio de *Homo erectus*

Crânio de *Homo habilis*

Crânio de *Homo australopithecus*

Um cérebro grande corresponde a apenas 2% da massa do corpo, mas consome 20% de sua energia. Além disso, é relativamente exigente no tocante à alimentação. Precisa de muita glicose e, se passa fome, rapidamente leva à morte.

O tamanho do cérebro em termos absolutos não quer dizer nada. O que conta é o tamanho do cérebro em relação ao tamanho do corpo.

De lá para cá

Em algum momento, entre 3 milhões e 2 milhões de anos atrás, seis tipos de *Australopithecus* semelhantes a Lucy devem ter coexistido na África. Só um perduraria: o *Homo*, que surgiu há cerca de 2 milhões de anos. Todos os australopitecinos desapareceram misteriosamente há mais de 1 milhão de anos.

Homo habilis

A linhagem do *Homo* começa com o *Homo habilis*, uma criatura sobre a qual não sabemos quase nada. Ele recebeu esse nome (que significa "homem hábil") porque foi o primeiro hominídeo a usar ferramentas, ainda que muito simples. Era relativamente primitivo, muito mais chimpanzé que homem, porém tinha um cérebro cerca de 50% maior que o de Lucy.

Homo erectus

É o divisor de águas: tudo que veio antes dele se parecia com o macaco; tudo que veio depois se parecia com o homem. O *Homo erectus* viveu entre cerca de 1,8 milhão de anos e, possivelmente, 20 mil anos atrás. Também foi o primeiro a caçar, a usar o fogo, a fabricar ferramentas complexas, a deixar evidências de acampamentos e a cuidar dos fracos e dos enfermos.

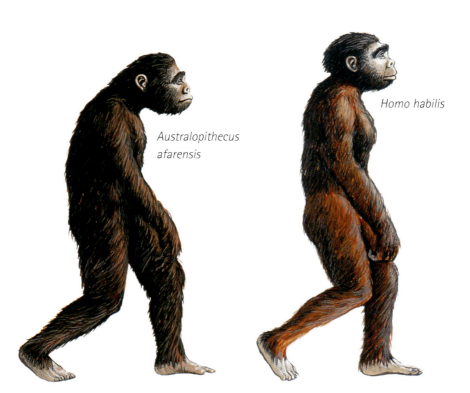

Australopithecus afarensis

Homo habilis

Homo ere

Comparado com tudo que veio antes, o *Homo erectus* era extremamente humano na aparência e no modo de agir. Tinha membros longos e delgados, muita força (bem mais que o homem moderno) e motivação e inteligência para se expandir com sucesso por áreas enormes.

Homo sapiens neanderthalensis

O homem de Neandertal era extremamente robusto. Durante dezenas de milhares de anos, suportou os piores momentos das eras glaciais, quando nevascas com ventos fortes como furacão eram comuns. As temperaturas caíam normalmente a menos de 45°C, e ursos polares perambulavam pelos vales nevados do sul da Inglaterra. O homem de Neandertal que vivia muito mais de trinta anos era um felizardo — mas, como espécie, esses indivíduos eram incrivelmente resistentes e praticamente indestrutíveis. Sobreviveram numa área que se estende de Gibraltar ao Uzbequistão, o que é uma façanha para qualquer espécie.

Homo sapiens

Esses primeiros humanos modernos são surpreendentemente nebulosos. Sua primeira aparição indiscutível se deu no Mediterrâneo oriental há cerca de 100 mil anos.

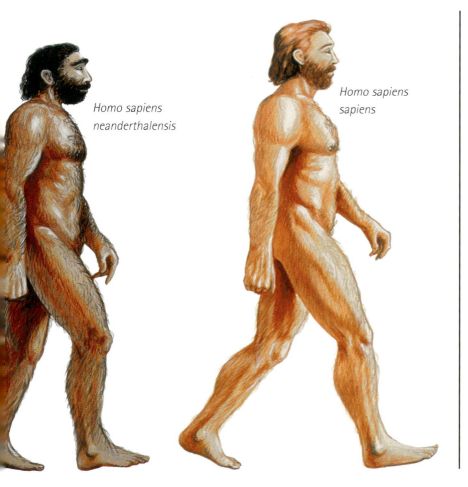

Homo sapiens neanderthalensis

Homo sapiens sapiens

Cabe lembrar que toda essa trajetória evolucionária, desde o distante *Australopithecus* até o homem inteiramente moderno, produziu uma criatura que, geneticamente, é 98,4% idêntica ao atual chimpanzé.

Fabricantes de ferramentas

Um dia, há cerca de 1,5 milhão de anos, um gênio anônimo do mundo hominídeo fez uma coisa inesperada. Ele (ou, muito possivelmente, ela) usou uma pedra para modelar outra. Assim fabricou um machado simples, em forma de lágrima, que foi a primeira obra de tecnologia avançada do mundo.

Instrumentos acheulianos

E superava de tal modo os artefatos existentes que logo outras pessoas seguiram o exemplo do inventor e passaram a fabricar machados. Sociedades inteiras praticamente não faziam outra coisa. Esses machados são conhecidos como instrumentos acheulianos, porque foram encontrados primeiramente em Saint-Acheul, na França. Eles contrastam com os instrumentos oldovanos, anteriores e mais simples, encontrados na garganta de Olduvai, na Tanzânia, África.

Uma ferramentaria

No Great Rift Valley, um arco de quase 5 mil quilômetros, na África oriental, encontra-se a localidade antiga de Olorgesailie. Ali, onde outrora havia um grande lago, produziam-se ferramentas em números incalculáveis. O quartzo e as obsidianas com que eram feitos os machados provinham das montanhas situadas a mais ou menos dez quilômetros de distância — uma caminhada e tanto para quem carrega pedras.

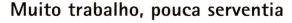

Muito trabalho, pouca serventia

Com o tempo, os fabricantes de ferramentas dividiram o local em áreas de produção de machados e áreas de afiação de machados cegos. Não era um trabalho fácil. Mesmo com a prática, eles levavam horas para fazer um único machado. E o curioso é que esses machados não eram muito bons para cortar, picar ou cumprir qualquer outra de suas funções. Parece que esse pessoal primitivo se reunia em grande número nesse local específico para fazer ferramentas de pouca serventia.

Humanos em marcha

A teoria tradicional que explica nossa relação com esses humanos primitivos — e a única que ainda é aceita pela maioria dos especialistas na área — reza que eles emigraram da África em duas levas.

A primeira leva foi a do *Homo erectus*, que, a partir de uns 2 milhões de anos atrás, deixou a África com incrível rapidez — praticamente assim que surgiu como espécie. Com o tempo, à medida que se estabeleciam em diferentes regiões, esses primeiros eretos evoluíram para o *Anthropithecus erectus* e o *Sinanthropus pekinensis*, na Ásia, e para o Neandertal, na Europa.

Depois, há mais de 100 mil anos, uma espécie mais inteligente surgiu nas planícies africanas e passou a se dispersar numa segunda leva. Aonde chegava, o novo *Homo sapiens* desalojava seus predecessores menos inteligentes. Esse é o ancestral de cada um de nós.

Estamos no seguinte pé

Quando começamos, sabíamos pouca coisa sobre os mares salgados e agora sabemos muito sobre esse e outros assuntos. Parabéns! Espero que você esteja gostando de seus novos conhecimentos. Considerando que surgimos há 3,8 bilhões de anos, progredimos um bocado.

O que sabemos até agora:

- A vida neste planeta modificou-se constantemente durante bilhões de anos.
- Nossos ancestrais tiveram a capacidade de sobreviver; por isso estamos aqui.
- Surgimos como organismos unicelulares.
- Até para isso precisamos das qualidades de nosso planeta, com sua mistura de gases, umidade e calor.
- Passamos por várias mudanças até chegar a nossa presente condição de hominídeo dominante.

De onde viemos?

Durante 3,8 bilhões de anos houve no planeta algum tipo de vida.

Há 640 milhões de anos surgiram as primeiras criaturas conhecidas.

Há 540 milhões de anos apareceram os trilobites.

Há 400 milhões de anos as primeiras criaturas terrestres saíram do mar.

Há pelo menos 7 milhões de anos surgiram os primeiros hominídeos.

Do que somos feitos?

1730-40 Carolus Linnaeus resolve classificar todas as coisas vivas encontradas no planeta.

1858 Charles Darwin publica *A origem das espécies*, onde conclui que as espécies que sobrevivem são as que estão mais preparadas para mudar de ambiente.

1865 Gregor Mendel apresenta suas descobertas, que revelam o segredo dos traços hereditários.

1908 Thomas Hunt Morgan confirma que os cromossomos estão no centro de nossa constituição genética.

1953 Watson e Crick descobrem a forma da molécula do DNA: a famosa dupla hélice.

As eras glaciais da Terra
1860 James Croll conclui que mudanças na forma da órbita terrestre poderiam explicar o vaivém das eras glaciais.

1930 Milutin Milankovitch realiza numerosas operações matemáticas e confirma a teoria de Croll.

Nossos ancestrais hominídeos
1891 Eugène Dubois encontra um fragmento de crânio humano antigo e o atribui ao que chama de *Anthropithecus erectus*.

1974 Os restos mais famosos de um australopitecino são encontrados na Etiópia e recebem o nome de Lucy.

O *Australopithecus*

viveu entre 3 milhões e 2 milhões de anos atrás.

O *Homo habilis* era relativamente primitivo, muito mais chimpanzé que homem, e viveu há cerca de 2 milhões de anos.

O *Homo erectus* surgiu há cerca de 1,8 milhão de anos. Foi o primeiro a montar acampamentos, caçar, a usar o fogo, a fabricar ferramentas complexas.

O *Homo sapiens neanderthalensis* surgiu há mais de 100 mil anos. Era robusto e por milhares de anos sobreviveu aos piores momentos das eras glaciais.

Você deve estar pensando que, tendo sido tão difícil chegar aqui, agora nos empenhamos em proteger nosso planeta. Não é bem assim.

Os humanos assumem

Ignoramos a data e as circunstâncias exatas que levaram aos últimos momentos do último dodô, mas sabemos, sim, que é difícil desculpar o extermínio de uma criatura que nunca nos fez mal algum.

Um registro perdido

Tudo que sabemos sobre o dodô é que habitava a ilha Maurício, era gordo mas não saboroso e foi o maior membro da família do pombo. Como não podia voar, fazia seus ninhos no solo, deixando seus ovos e seus filhotes à mercê dos porcos, cães e macacos que os forasteiros introduziram na ilha. Na verdade, era tão burrinho que, segundo dizem, se você quisesse reunir todos os dodôs de uma área, bastava pegar um e fazê-lo grasnar: os outros apareceriam num instante, para ver o que estava acontecendo.

O famoso dodô, a ave que não voava.

O dodô certamente estava extinto em 1693. Mas as indignidades cometidas contra ele não terminaram aí. Em 1755, uns setenta anos após a morte do último dodô, o diretor do Ashmolean Museum, em Oxford, Inglaterra, achou que seu exemplar empalhado estava cheirando mal e jogou-o no fogo. Como se tratava do último dodô do mundo, empalhado ou não, ficamos sem saber como era essa ave.

Desaparecidos

No total, as Américas do Norte e do Sul perderam cerca de três quartos de seus animais de grande porte depois que povos caçadores lá chegaram, armados com lanças de sílex. A Europa e a Ásia, onde os animais tiveram mais tempo para se prevenir contra os humanos, perderam entre um terço e a metade de suas criatura grandes. A Austrália perdeu nada menos que 95%.

Os caçadores abateram centenas de milhares de animais para exibir chifres e presas como troféus.

Animais estranhos

Algumas das criaturas extintas eram gigantescas e nos dariam algum trabalho, se estivessem aqui. Imagine preguiças terrícolas espiando pela janela do primeiro andar, tartarugas quase do tamanho de um carro pequeno, lagartos de seis metros se refestelando à margem da estrada, nos desertos da Austrália Ocidental. No mundo inteiro, restam hoje quatro animais terrestres realmente encorpados: o elefante, o rinoceronte, o hipopótamo e a girafa. Nunca, em dezenas de milhões de anos, a fauna do planeta foi tão pequena e dócil.

O extermínio persistiu até recentemente. Na Austrália, premiava-se quem matasse um lobo-da-tasmânia, ou tilacino — animal parecido com o cachorro e "tigrado" no dorso —, até pouco antes de o último exemplar da espécie morrer, solitário e anônimo, num zoológico particular de Hobart, em 1936. Se você for ao Tasmanian Museum and Art Gallery e pedir para ver esse animal — o único grande marsupial carnívoro da era moderna —, tudo que vão lhe mostrar são fotos e um velho filme de 61 segundos. Depois de morto, o derradeiro tilacino foi jogado fora, com o lixo da semana.

Espécie assassina?

Então, somos uma dor de cabeça para outras criaturas vivas? Provavelmente sim. O ritmo natural da extinção no planeta ao longo da história biológica é de uma espécie a cada quatro anos, em média. Segundo alguns, o ritmo da extinção causada por nós pode ser atualmente 120 mil vezes maior.

O cisne das ilhas Chatham desapareceu, praticamente sem deixar vestígio.

O cisne das ilhas Chatham

A vaca-marinha de Steller, parecida com a morsa, extinguiu-se em meados do século XVIII.

A vaca-marinha de Steller

O periquito da Carolina foi extinto pelos fazendeiros, que o viam como uma praga.

O periquito da Carolina

Ninguém sabe ao certo qual é nosso poder de destruição. Mas é fato que, nos últimos 50 mil anos, os animais tenderam a desaparecer em grande número onde quer que estivéssemos.

E agora?

Acompanhamos o progresso da Terra desde sua criação, no nanossegundo do *big bang*, até o momento em que nossos ancestrais começaram a dominá-la. No que nos diz respeito, iniciou-se então a história de nosso planeta. Mas agora, passados vários milhões de anos de ocupação humana, o que é que temos?

Excessos

Infelizmente, parece que indivíduos descuidados como Thomas Midgley têm prazer em destruir o planeta. A cada década, muitos milhões de pessoas a mais lutam por um lugar ao sol; para algumas delas, a luta visa apenas à sobrevivência diária, e não à conquista de novos confortos.

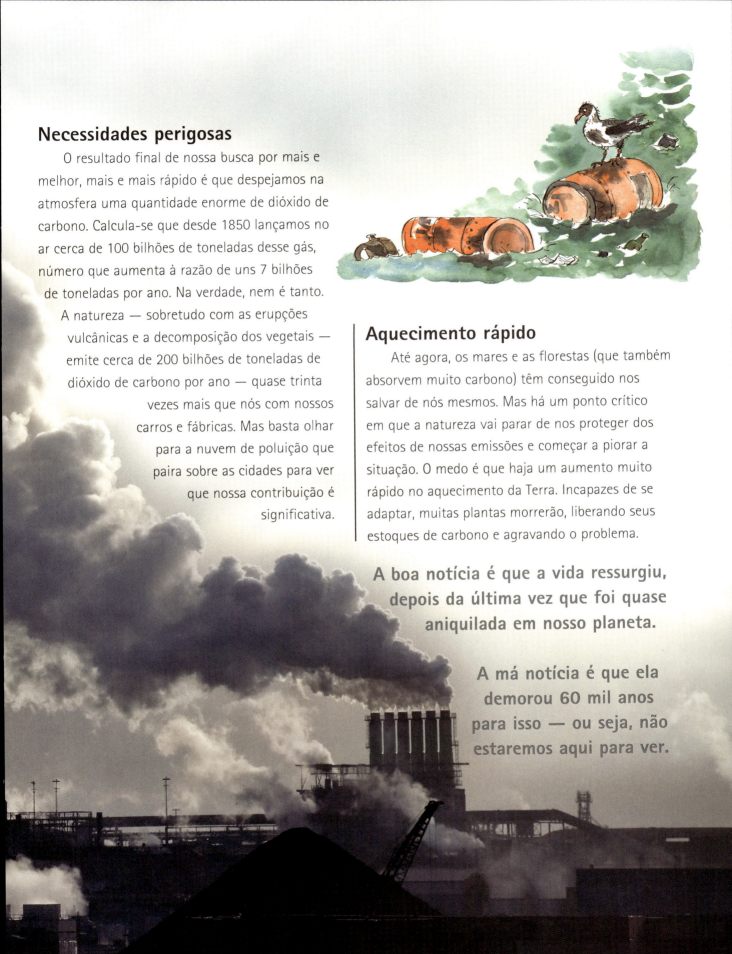

Necessidades perigosas

O resultado final de nossa busca por mais e melhor, mais e mais rápido é que despejamos na atmosfera uma quantidade enorme de dióxido de carbono. Calcula-se que desde 1850 lançamos no ar cerca de 100 bilhões de toneladas desse gás, número que aumenta à razão de uns 7 bilhões de toneladas por ano. Na verdade, nem é tanto. A natureza — sobretudo com as erupções vulcânicas e a decomposição dos vegetais — emite cerca de 200 bilhões de toneladas de dióxido de carbono por ano — quase trinta vezes mais que nós com nossos carros e fábricas. Mas basta olhar para a nuvem de poluição que paira sobre as cidades para ver que nossa contribuição é significativa.

Aquecimento rápido

Até agora, os mares e as florestas (que também absorvem muito carbono) têm conseguido nos salvar de nós mesmos. Mas há um ponto crítico em que a natureza vai parar de nos proteger dos efeitos de nossas emissões e começar a piorar a situação. O medo é que haja um aumento muito rápido no aquecimento da Terra. Incapazes de se adaptar, muitas plantas morrerão, liberando seus estoques de carbono e agravando o problema.

A boa notícia é que a vida ressurgiu, depois da última vez que foi quase aniquilada em nosso planeta.

A má notícia é que ela demorou 60 mil anos para isso — ou seja, não estaremos aqui para ver.

Adeus

Estou dizendo tudo isso para lhe mostrar que, se tivesse de indicar uma criatura para cuidar da vida em nosso cosmo solitário, para monitorar sua trajetória e registrar suas posições, você não escolheria um ser humano.

O que há de melhor

No entanto, fomos escolhidos — pelo destino, pela providência, por seja lá como isso se chame. Pelo que sabemos, somos o que há de melhor. Talvez sejamos *tudo* que há. É assustador pensar que talvez sejamos a conquista suprema e, ao mesmo tempo, o pior pesadelo do universo vivo.

Porque somos tão descuidados com as coisas — quando estão vivas e também quando não estão —, não temos a menor ideia de quantas delas desapareceram para sempre, podem desaparecer em breve ou nunca. Tampouco temos ideia do papel que desempenhamos em qualquer etapa do processo.

A verdade é que não sabemos como nossas ações do presente afetarão o futuro. O que sabemos, sim, é que só temos um planeta para habitar e somos a única espécie desse planeta capaz de decidir seu futuro.

Gente de sorte

Parece que chegar a ter algum tipo de vida neste nosso universo é uma façanha e tanto. Como humanos, somos duplamente felizardos. Temos não só o privilégio da existência, como a singular capacidade de apreciá-la e até de aprimorá-la de muitas formas. É uma habilidade que apenas começamos a desenvolver.

Chegamos a esta posição de eminência num espaço de tempo incrivelmente curto. Em termos de comportamento moderno, nossa presença na Terra corresponde a menos de 0,01% da história do planeta — é quase nada, mas exigiu uma sorte enorme e quase inesgotável.

Estamos mesmo no começo. Naturalmente, o que temos de fazer é garantir que nunca cheguemos ao fim. E para isso vamos precisar de muito mais que sorte.

Índice remissivo

A

ácaros 130, 138
ácido desoxirribonucleico (DNA) 113, 145-47, 161
ácido ribonucleico (RNA) 147
ácidos 112, 114, 129
Agência Espacial Europeia 35
água 105, 108-10
água, ciclo da 108
água, pressão da 110-1
água, vapor de 109
aids (síndrome de imunodeficiência adquirida) 119
algas 107, 114-5, 125, 129
alienígenas 26-8
alquimia 64
alumínio 65
Alvarez, Luis e Walter 96-7, 120
âmbar 27
amebas 115
aminoácidos 112-3, 117
amônia 112
amonites 53
ancestrais, ancestralidade 125, 132, 143-4, 154, 159
anestésico 64
Andrômeda, constelação de 74
Anning, Mary 53, 80
anos-luz 19, 27, 74
anquissauro 57
Antártica 35, 77, 106, 109, 129
antenas 16-7, 126
Anthropithecus 152, 159, 161
antibióticos 117
aquecimento global 134, 151, 165
ar, pressão do 104-5
arqueobactérias 115
arsênio 67
Ártico 106
artrópodes 127
asteroide, cinturão de 21
asteroides 20, 96, 98-9, 120-1
astronomia 38-9, 75, 148
astrônomo real 40-1
astrônomos 16, 22-3, 32, 39-40, 70, 73-4
Atlântico, oceano 86-7, 106, 109
atmosfera 13, 23, 69, 76-7, 79-80, 97-8, 101-2, 114-5, 120, 165
átomos 10, 14-5, 46, 62-4, 66, 77-8, 80, 108, 113, 123
ATP (trifosfato de adenosina) 123
australopitecinos, *Australopithecus* 153-7, 161
avalanches 91

B

bactérias 43, 114-21
bdeloideos rotíferos 139
Beagle 140
Becher, Johann 64
Becquerel, Henri 68
big bang 11-3, 16-7, 44
Big Bone Lick 57
Black, Davidson 153
bomba atômica 91
bomba de hidrogênio 70
Bone Cabin Quarry 61
botânicos 136-7, 143
Bouguer, Pierre 36-7, 44
Brand, Hennig 64
brometo de rádio 69
brontossauros 59
Buckland, William 48-9, 60
Buffon, conde de 56
buracos negros 22, 42
Burgess Shale 126, 128

C

calcário 96, 107
cálcio 15, 65, 86
caldeiras 92-3
calorias 100
camadas de gelo 78, 97, 149, 151
Cambriano, período 54-5, 60, 126
campos magnéticos 89, 101
carbono 15, 78, 112, 165
carbono 14 78
carbono, datação por 78
Carbonífero, período 54
Carolina, periquito da 163
carvão 52, 128, 131
catastrofismo 60
cavalos 63, 135
Cavendish, Henry 42-3, 45
células 111, 113-6, 119, 122-3, 145-7
Cenozoica, era 54-5
centopeias 139
cérebro, tamanho do 155
CFCs (clorofluorcarbonetos) 77, 81

Chappe, Jean 38
chimpanzés 153, 156-7
Chordata 137
Christiansen, Bob 92-3
Christy, James 22
chumbo 76, 78-9, 81
cianobactérias 114-5
circunferência (da Terra) 33, 36, 44
cirros 105
cisne das ilhas Chatham 163
citoesqueleto 123
citoplasma 123
Clark, William 57
classificação 136
clima 106, 148
cloro 64
clorofluorcarbonetos (CFCs) 77, 81
cocolitos 107
cometas 13, 20-1, 30-1, 97, 134
componentes químicos 146
continentes 47, 82-5, 120
convecção 88, 104
Cook, James 39
Cope, Edward 59
coprólitos 49
corrente do Golfo 106
cosmólogos 11
crateras 93, 96-7
cretáceo, período 54-5, 58, 134
Crick, Francis 146, 161
cristais 78-9
Croll, James 148, 161
cromossomos 143, 145
crosta (da Terra) 51, 78, 84-5, 87-8, 120
crustáceos 111, 127, 130

Cryptozoa 138
Crystal Palace Park 58-9
cúmulos 105
Curie, Marie e Pierre 68-9, 81
curvas de nível 41
Cuvier, Georges 57, 80

D
Dalton, John 63, 80
Darwin, Charles 60, 140-4, 160
Davy, Humphry 65
deslizamento de terra 91
desvio para o vermelho 73, 81
Devoniano, período 54, 134
dinossauros 53, 56-61, 96-7, 101, 120, 128, 132-3
dióxido de carbono 13, 77, 165
diplódoco 59
Dixon, Jeremiah 41
DNA (ácido desoxirribonucleico) 113, 145-6, 161
dodô 162
doença descompressiva 111
doenças 118-9
Doppler, Johann Christian 73
Doppler, efeito 73
Dover, penhascos brancos de 107
Drake, Frank 27
Dubois, Eugène 152, 161

E
Einstein, Albert 62, 70-1, 74, 81
elementos químicos 11, 15, 63-8, 80-1, 108-9, 112

eletricidade 62, 65, 69
eletrólise 65
eletromagnetismo 12
elétrons 12, 29, 62
elipses 30
energia 22, 29, 68-70, 81
envenenamento por chumbo 76
enxofre 13, 15
Eoceno, período 55
equador 34-5, 37, 104
eras glaciais 51, 101, 148-51, 155, 157, 161
erosão 46, 86
escala Richter 94-5, 120
espaço 16-22, 26-7, 72-3, 96
espaço-tempo 72
espécies 133-4, 136-8, 140-2, 144, 153, 157, 159-60
espectro 73, 75, 81
esponjas 123
estegossauro 59
estratos 105
estratos rochosos 52, 54
estratosfera 77, 102
estrelas 13, 15, 21-2, 24, 26-9, 62, 70, 73-4, 81
estrelas de nêutrons 29
estreptococo 117
estromatólitos 115
estrôncio 65
Eukaryota 137
Evans, reverendo Robert 28-9
evolução 125, 157
exosfera 102-3
explosões solares 134
extinções 50, 96, 126, 133-5, 162-3

F

fenômenos meteorológicos 102, 104-6
ferramentas 155-6, 158-9, 161
ferro 8, 13, 63, 112
fetos 127, 131
física 11-2, 69, 148
florestas tropicais 138
fontes de água quente 92-3
foraminíferos 107
força centrífuga 34
fósforo 64, 112
fósseis 46, 49, 51-3, 56-61, 69, 80, 82, 97, 115, 126-7, 129, 132-3, 140, 153
fótons 17
fungos 115, 129, 137
furacões 104, 134, 157

G

galáxias 13, 17, 22, 26, 28, 73-5, 80-1
Gamow, George 17
gases 13, 36-7, 69, 74, 77, 101, 103, 112, 114, 120, 134, 160
gases de efeito estufa 13, 107
gasolina 76
gêiseres 92-3
geladeiras 77
geleiras 51, 150
gelo 105, 108, 149-50
genes 143-5, 160
geofísicos 87
geologia 47-55, 60, 80, 90

Geological Society 48-9, 80
geólogos 41, 47-8, 51, 55, 90-1, 70, 80, 82, 84, 94, 96, 113, 148
glóbulos brancos 114, 119
GPS (Sistema de Posicionamento Global) 85
Grande Kanto, abalo 95
granito 127
gravidade 11-2, 31, 35, 40, 42-5, 71-2, 99
Great Rift Valley 159
Gutenberg, Beno 94, 120

H

hadrocódio 132
hadrossauro 56
Halley, Edmond 30, 38, 44-5
Halley, cometa de 23, 30
hélio 11, 67
hereditariedade 143, 145
hidrogênio 11, 15, 63, 65, 67, 108, 112, 114
Hiparco 32
hipárion 63
HIV 119
hominídeos 137, 153-5, 158, 160-1
Homo erectus 152, 155-7, 159, 161
Homo habilis 155-6, 161
Homo sapiens 137, 155, 157, 159, 161
Howard, Luke 105
Hubble, Edwin 74-5, 81
Hutton, Charles 41, 45

Hutton, James 46-7, 50-1, 80
hylaeosaurus 58

I

ictiossauro 53
iguanodonte 58
Índico, oceano 35, 85, 109
infecção 118-9
insetos 127-8, 134, 137
instrumentos acheulianos 158
instrumentos oldovanos 158
intoxicação por radiação 68
inundações 46-7

J

Java, homem de 152-3
Júpiter 21, 25, 97
Jurássico, período 54-5, 133

K

Kelvin, William Thomson, lorde 60
Köppen, Wladimir 149
KT, limite 97
KT, extinção 135
Kuiper, cinturão de 23

L

La Condamine, Charles Marie de 36, 44
Laboratórios Bell 16
lagartos 58

Lalande, Joseph 39
Lascaux, cavernas de 78
Lavoisier, Antoine-Laurent 65
Le Gentil, Guillaume 39
Leavitt, Henrietta Swan 74
lei da gravitação universal 31
leituras espectrográficas 73
levedos 122
Lewis, Meriwether 57
Libby, Willard 78
libélulas 131
Linnaeus, Carolus (Lineu) 136-7, 160
liquens 129
listrossauro 83
lobo-da-tasmânia 163
longitude 33
Lua 7, 22-4, 26, 28, 30, 41, 99, 101, 117
luas 20-2, 24, 41
Lucy 154-6, 161
luz 19, 29, 70-1, 73
Lyell, Charles 48-51, 54, 81

M

machados 158-9
magma 51, 89, 93, 101
magnésio 65
magnetismo 32, 69, 89
mamíferos 51, 100, 128-9, 132-3, 135, 137
mamutes 57
manganês 64
Manson, cratera de 96-7, 121
Mantell, Gideon Algernon 58
manto (da Terra) 13, 88-9
mapa meteorológico 30
mapas 52, 54
Marat, Jean-Paul 65
marés oceânicas 31
Mariana, fossa de 111, 121
Marsh, Othniel Charles 59
marsupiais 82, 163
Marte 24, 98, 100
Maskelyne, Nevil 45, 60-1
Mason, Charles 40-1
mastodonte 57, 80
matemática 30, 71, 142, 148, 161
Matthews, Drummond 87, 120
megalônix 57
megalossauro 59
megatério 140
Mendel, Gregor 142-3, 160
Mendeleev, Dmitri Ivanovich 66-7, 81
Mercúrio 22
mergulho 110-11
meridiano 33, 44
mesosfera 103
Mesozoica, era 54-5
metais 64, 66-7
metano 13, 113, 134
meteoritos 79
meteoroides 20
meteorologia 105
meteorologistas 106, 149
meteoros 13, 79, 98, 134
micetozoários 115
Michell, John 42-3, 45
micróbios 115-8, 120, 128, 139
mícrons 63
micro-ondas 17
Midgley, Thomas Junior 76-7, 81, 164
Milankovitch, Milutin 148, 161
milípedes 131
minas 88
minerais 48, 52, 96, 116, 127, 129, 137
minérios 69
Mioceno, período 54-5
mitocôndrias 115
moléculas 62, 77, 108-9, 113-4, 122, 127
moluscos 46-7
Monera 137
Moody, Plinus 57
Morgan, Thomas Hunt 145, 160
moscas-das-frutas 145
mosquitos 118
Murchison, Roderick 49, 55

N

Nasa (National Aeronautics and Space Agency) 23, 77, 93
naturalistas 57, 141
Neanderthal, homem de 141, 157, 159, 161
nebulosas 15
netunistas 47, 50
Netuno 24
nêutrons 12, 29, 62, 66
Newton, sir Isaac 30-1, 34-5, 37, 40, 42-4, 63
nimbos 105

níquel 8
nitrogênio 13, 15, 64, 110-2, 117
nível do mar 53, 62, 134
Norwood, Richard 33, 44
notórnis 139
núcleo 29, 62, 66, 145
núcleo (da Terra) 9, 13, 88-9
Núcleo G 97
nucleotídeos 117
nuvem de Oort 21, 24
nuvens 105

O

Observatório Lowell 22
obsidianas 159
ocapi 139
oceanógrafos 87
oceanos 13, 82-3, 84-88, 105-12
Olduvai, garganta de 158
Oligoceno, período 55
Olorgesailie 159
órbitas 12-3, 23, 30-1, 43, 96, 98-9, 148, 161
Ordoviciano, período 54, 134
organismos 62, 107, 114-5, 118-9, 129, 133, 139, 166
Origem das espécies, A 141, 160
Osso do Dragão, colina do 153
ossos 53, 56-7, 80, 127, 130, 141, 147, 153-4
Owen, Richard 58
óxido nitroso 64
oxigênio 15, 63-5, 77, 102-3, 112, 114-5, 130
ozônio 77

P

Pacífico, oceano 9, 35, 85-86, 109, 111
Paleoceno, período 55
paleontologia 57, 59, 61
Paleozoica, era 54-5
Pangeia 82, 120, 130
pântanos 131
Parkinson, James 49
partículas 10, 14, 63, 71, 102-3, 115
Patterson, Clair 78-9, 81
peixes 51, 130, 132, 137
Penzias, Arno 16-7
Pequim, homem de 153
Permiano, período 52, 55, 134
peróxido de hidrogênio 66
peso atômico 63
pesticidas 76
Philosophiae Naturalis Principia Mathematica 30-1
placas continentais 51, 84-5
placas tectônicas 47, 51, 84-5, 95, 101, 120
planetas 12, 15, 20-3, 27, 30-1, 38, 41, 44, 46, 69, 97, 100
planetesimais 12
plesiossauro 53
Plioceno, período 55
Plistoceno, período 54-5
Plutão 20-4, 44
Plutinos 23
plutônio 63
plutonistas 47, 50
polos (Norte e Sul) 33, 37, 109
polônio 68
poluição 165
pontes de terra 83
potássio 65
Pré-cambriana, era 54-5
Pré-cambriano, período 129
predadores 130
preguiça terrícola gigante 57, 140
presas 57
pressão 102, 111, 121
previsão do tempo 9
primatas 137
Princípios de geologia 51
Proteínas 112-3, 147
Protista (ver também protozoários) 137
prótons 9-10, 12, 62, 66
protoplasma 124
protozoários 115, 137-8
Proxima Centauri 26, 29
pterodáctilos 53

Q

quartzo 96, 159
quasares 9, 17, 22
química 15, 61-7, 76, 108
químicos (cientistas) 64, 66, 68, 80

R

radiação 17, 69-70, 81, 101, 130
radiação cósmica 17, 44, 101
radiação ultravioleta 77, 130
rádio 68-9
radioatividade 68-9, 78

raios cósmicos 102-3
raios X 2, 145
recifes de coral 140
relâmpago 104-5, 112, 114
répteis 51, 58, 132, 135, 137
ribossomo 147
Richter, Charles 94, 120
riwoche 139
RNA (ácido ribonucleico) 147
rochas (datação) 52, 54-6, 80
rochas sedimentares 126
Russell, Bertrand 71
Rutherford, Ernest 69

S

sal 9, 106, 109
satélites 35, 77, 99
Saturno 25
Scheele, Karl 64
Schiehallion, montanha 40-2, 45
Sedgwick, Adam 55
sedimentos 86-7, 127
Shakespeare, William 62, 144
Shoemaker, Eugene 96, 120
singularidade 10
sino de imersão 30
Siluriano, período 54-5
Sinanthropus pekinensis 153, 159
sismólogos 90
Sistema de Posicionamento Global (GPS) 85
sistema solar 12, 20-6, 38, 41, 44, 79-80, 107
sistemas de alta pressão 105
sistemas de baixa pressão 104-5

Slipher, Vesto 73-4, 81
Smith, William 52, 80
sódio 65
Sol 8, 13-4, 20-1, 23-4, 29-30, 38-9, 41, 45-6, 69, 72, 77, 88-9, 101, 103, 105, 107, 148
solo 46, 105
sonda espacial 25
St Helens, monte 90-1, 121
substâncias químicas 13, 112
supernovas 28-9, 44

T

tabela periódica 66-7, 81
tapires 84
tatuzinhos 130
taxonomia 136
Taylor, Frank Bursley 84, 120
tectônica das placas 47, 51, 84-5, 88, 120
Telescópio Espacial Hubble 24, 75, 97
telescópios 24, 28, 42-3, 75, 97
temperatura 102-3, 120, 151, 157
tempestades 105
tensão de superfície 109
teoria da inflação 13
Teoria Especial da Relatividade 70-1, 81
termosfera 102-3
Terra 12-3, 21, 31-5, 37-47, 50-1, 60-1, 69, 78-90, 94, 97-103, 105, 107, 109, 112-5, 120, 124-5, 127-9, 134-5, 148-51, 161, 165, 167

Terra Bola de Neve 150
terremoto de Lisboa 95, 121
terremoto de Tóquio 95, 121
terremotos 9, 42, 47, 85, 88, 90-1, 93-5, 120-1
tetrápodes 132
tilacino 163
tiranossauro 134
titanis 135
Tombaugh, Clyde 23
triangulação 32-3, 38, 44-5
Triássico, período 54-5, 83, 134
tricerátops 59
trifosfato de adenosina (ATP) 123
trigonometria 33
trilobites 82, 120, 126-8, 134
troposfera 102-4
tsunamis 95, 98

U

uniformitarianistas 50
universo 9-13, 15, 17-9, 22, 27, 31, 44, 62, 67, 70-1, 73-5, 81, 100-1, 117, 167
uraninita 69
urânio 68-70, 78-9
urina 64
Ussher, James 60

V

vaca-marinha de Steller 163
varíola 119
Varuna 23
velocidade da luz 19, 70

velocidade do som 97
venenos 64, 67, 76, 109, 114
ventos 93
ventos solares 103
Vênus 38-40, 45, 100
vermes 137
Via Láctea 26-7, 75
viagem pelo espaço 24
Vine, Fred 87, 120
vírus 115, 119
Voyager 20-1, 24-5
vulcões 87-8, 90-3, 98, 121

W

Walcott, Charles Doolittle 126-7
Wallace, Alfred Russel 141
Watson, James 141, 161
Wegener, Alfred 82, 120
Wilson, Robert 16-7
Wistar, Caspar 56
wolbachia 118
Wren, sir Christopher 30

Y

Yellowstone, Parque Nacional de 92-3, 121

Z

Zwicky, Fritz 29

Créditos fotográficos

Stuart Abraham/ Alamy: 164-5

Alinari/ Topfoto: 78 (no alto)

Douglas Allen/ istockphoto: 118

American Museum of Natural History: 61

Galyna Andrushko/ istockphoto: 36-7

Chuck Babbit/ istockphoto: 106

Tom Bean/ Getty Images: 133

Blackbeck/ istockphoto: 107

Gary Braasch/ Corbis: 93

British Geological Survey: 52 (no alto)

Bill Bryson: 8

Adrian Chinery/ Alamy: 58-9

Clark et al/ McDonald Observatory/ SPL: 97

CNRI/ SPL: 117

Stephen Coburn/ Shutterstock: 53 (no centro)

Phil Degginger/ Carnegie Museum/ Alamy: 52 (embaixo), 60

DK Images: 85, 145

ESA: 34-5

ESA e G. Bacon (STSCL)/ Nasa: 22

ESA/ JHU/ APL/ HST/ Nasa: 22-3, 44

Mary Evans PL: 142

Jeff Foot/ Getty Images: 18

John Foster/ SPL: 79

Fox Photos/ Hulton Archive/ Getty: 58

Getty Images: 70 (no alto)

David Gifford/ SPL: 156-7

Yves Grau/ istockphoto: 53 (no alto)

Julien Grondin/ istockphoto: 89, 121

Jaap Hart/ istockphoto: 164-5

Doug Houghton/ Topfoto: 40-1

G. Huedepohl: 138

istockphotos: 70 (no centro), 126

JPL/ Nasa: 21, 24-5

JSC/ Nasa: 74-5

Nancy Kedersha/ Getty Images: 123

Masanori Kobayashi/ Alamy: 91

O. Krause/ Steward Observatory/ JPL-Caltech/ Nasa: 28-9, 45

David Muench/ Corbis: 46, 92

Nasa: 12-3, 16, 20, 23, 35, 72-3, 81, 98, 99, 100, 101, 102-3, 106

NOAA: 98

Shigemi Numazawa/ Japan Planetarium Lab: 32

James Osmond/ Alamy: 50-1

Dr. David M. Phillips/ Getty Images: 122

Valeriy Poltorak/ Shutterstock: 90-1

Radiation Protection Division/ Health Protection Agency/ SPL: 69

J. C. Revy/ SPL: 78 (embaixo)

Science et Society PL: 146

Sciencephotos/ Alamy: 73

Franck Seguin/ TempSport/ Corbis: 110

Shutterstock: 68-9

Soubrette/ istockphoto: 104-5

Studio City/ Alamy: 92

SVS TOMS/ Nasa: 77

Sheila Terry/ SPL: 152

Javier Trueba/ MSF/ SPL: 154

Valentine Volkov/ istockphoto: 142

Sobre o autor

Bill Bryson nasceu nos Estados Unidos em 1951. Viveu e se casou na Inglaterra, onde trabalhou como jornalista entre 1977 e 1995. Desde então, vem se dedicando exclusivamente a escrever livros sobre assuntos variados (crônicas, relatos de viagem, autobiografia, divulgação científica, biografia) que desde logo se revelaram grandes best-sellers. Dele, a Companhia das Letras publicou *Breve história de quase tudo* (a versão deste livro para adultos), *Uma caminhada na floresta*, *Em casa*, *Corpo*, *Crônicas de um país bem grande* e *Shakespeare: A vida é um palco*.